Worldwide Accl

Also Available

WILL SHORTZ PRESENTS

MILD SUDOKU

WILL SHORTZ PRESENTS
MILD SUDOKU

200 EASY TO HARD PUZZLES

EDITED BY
WILL SHORTZ

PUZZLES BY
PZZL.COM

ST. MARTIN'S GRIFFIN
NEW YORK

www.stmartins.com

ISBN 978-0-312-56541-1

10 9 8 7 6 5 4 3

Introduction

Throughout the history of puzzles and games, many of the biggest successes have come as complete surprises, because they've broken all the "rules."

Parker Bros. famously turned down the rights to the game Monopoly in 1934, because it had "52 design errors." It was too complicated, they said, it had too many pieces, and it took too long to play. So the inventor, Charles B. Darrow, produced and sold 5,000 handmade copies of Monopoly, they quickly sold out, and—once Parker Bros. finally bought the rights—it became the biggest game hit of 1935.

Similarly, the "experts" initially pooh-poohed Scrabble, Trivial Pursuit, crossword puzzles, and many other game and puzzle successes over the years.

Hardly anyone thought sudoku would be popular when it was introduced in Britain in late 2004 and the U.S. in 2005. The public was not interested in number puzzles, according to conventional wisdom. Yet we all know what happened. In less than a year sudoku has become one of the most popular puzzles in history. Virtually every newspaper has made room for a daily sudoku, sudoku books have been bestsellers for six straight months, and sudoku tournaments have been held across the country and around the world. Language Report named "sudoku" the Word of the Year for 2005.

The craze goes on, and, to everyone's surprise, shows little sign of abating.

What's So Great About Sudoku?
The appeal of sudoku comes partly from the simplicity of the rules, which can be stated in a single sentence, and the compactness of the grid, just 9 × 9 squares—combined with some unexpectedly subtle logic. Even longtime enthusiasts may not understand all the techniques needed to work it. Sudoku packs a lot of punch for so small a feature.

Sudoku is a flexible puzzle. It can be easy, medium, or hard, which you can select according to your skills and mood. And the amount of time needed to solve one—generally between 10 and 30 minutes, for most people for most puzzles—is about perfect in order to feed a daily addiction. If sudoku took less time, it wouldn't pose enough challenge, and if it took more, you might lose interest or simply not be able to fit sudoku into your schedule.

Like crosswords, sudoku puzzles have blank squares that are inviting to fill in. It's said nature abhors a vacuum. We as human beings seem to have a natural compulsion to fill up empty spaces. A sudoku addict has difficulty turning a page that has empty puzzle squares begging to be completed.

Sudoku also provides an appealing rhythm of solving. Generally the first few numbers are easy to enter. Then, in the harder examples at least, you can get stymied and maybe a bit frustrated. Once you make the critical breakthrough (or breakthroughs), though, the final numbers can come quickly, giving you a rush and a heady sense of achievement—often tempting you to start another sudoku immediately. Hence the addictiveness of sudoku, which is the "crack cocaine" of puzzles.

New Challenges
On the following pages are 200 easy to hard sudoku puzzles. Every one has been checked, rechecked, and then re-rechecked to ensure that it has a unique solution, and that it can be solved using step-by-step logic. You never have to guess here.

As usual, all the puzzles in this book were created by my colleague Peter Ritmeester and the staff of PZZL.com.

Try them. And as one correspondent wrote me recently, you, too, will go "sudoku kuku."

—Will Shortz

How to Solve Sudoku

A sudoku puzzle consists of a 9 × 9–square grid subdivided into nine 3 × 3 boxes. Some of the squares contain numbers. The object is to fill in the remaining squares so that every row, every column, and every 3 × 3 box contains each of the numbers from 1 to 9 exactly once.

Solving a sudoku puzzle involves pure logic. No guesswork is needed—or even desirable. Getting started involves mastering just a few simple techniques.

Take the example on this page (in which we've labeled the nine 3 × 3 boxes A to I as shown). Note that the boxes H and I already have 8's filled in, but box G does not. Can you determine where the 8 goes here?

5	8	6					1	2
			5	2	8	6		
2	4		8	1				3
			5		3		9	
			8	1	2	4		
4		5	6			7	3	8
	5		2	3			8	1
7					8			
3	6				5			

A	B	C
D	E	F
G	H	I

The 8 can't appear in the top row of squares in box G, because an 8 already appears in the top row of I—and no number can be repeated in a row. Similarly, it can't appear in the middle row of G, because an 8 already appears in the middle row of H. So, by process of elimination, an 8 must appear in the bottom row of G. Since only one square in this row is empty—next to the 3 and 6—you have your first answer. Fill in an 8 to the right of the 6.

Next, look in the three left-hand boxes of the grid, A, D, and G. An 8 appears in both A and G (the latter being the one you just entered). In box A, the 8 appears in the middle column, while in G the 8 appears on the right. By elimination, in box D, an 8 must go in the leftmost column. But which square? The column here has two squares open.

The answer is forced by box E. Here an 8 appears in the middle row. This means an 8 cannot appear in the middle row of D. Therefore, it must appear in the top row of the leftmost column of D. You have your second answer.

In solving a sudoku, build on the answers you've filled in as far as possible—left, right, up, and down—before moving on.

For a different kind of logic, consider the sixth row of numbers—4, ?, 5, 6, ?, ?, 7, 3, 8. The missing numbers must be 1, 2, and 9, in some order. The sixth square can't be a 1, because box E already has a 1. And it can't be a 2, because a 2 already appears in the sixth column in box B. So the sixth square in the sixth row has to be a 9. Fill this in.

Now you're left with just 1 and 2 for the empty squares of this row. The fifth square can't be a 1, because box E already has a 1. So the fifth square must be a 2. The second square, by elimination, has a 1. Voilà! Your first complete row is filled in.

Box E now has only two empty squares, so this is a good spot to consider next. Only the 4 and 7 remain to be filled in. The leftmost square of the middle row can't be a 4, because a 4 already appears in this row in box F. So it must be 7. The remaining square must be 4. Your first complete box is done.

One more tip, and then you're on your own.

Consider 3's in the boxes A, B, and C. Only one 3 is filled in—in the ninth row, in box C. In box A you don't have enough information to fill in a 3 yet. However, you know the 3 can't appear in A's bottom row, because 3 appears in the bottom row of C. And it can't appear in the top row, because that row is already done. Therefore, it must appear in the middle row. Which square you don't know yet. But now, by elimination, you do know that in box

B a 3 must appear in the top row. Specifically, it must appear in the fourth column, because 3's already appear in the fifth and sixth columns of E and H. Fill this in.

Following logic, using these and other techniques left for you to discover, you can work your way around the grid, filling in the rest of the missing numbers. The complete solution is shown below.

5	8	6	3	7	4	9	1	2
1	3	7	9	5	2	8	6	4
2	4	9	8	1	6	5	7	3
8	7	2	5	4	3	1	9	6
6	9	3	7	8	1	2	4	5
4	1	5	6	2	9	7	3	8
9	5	4	2	3	7	6	8	1
7	2	1	4	6	8	3	5	9
3	6	8	1	9	5	4	2	7

Remember, don't guess. Be careful not to repeat a number where you shouldn't, because a wrong answer may force you to start over. And don't give up. Soon you'll be a sudoku master!

	4	5			3			
	9	8		4		6	1	
3	7				2			4
	2		7	8			4	
9				2				
			1			7	8	
					1	4	7	
8	1	9		7			6	
						1	3	

4					6		5	
	1			3	4			
2	3	9					4	
3	7		6			4		
				4		9		1
		4	8					
	4		5			2		8
		2	3					
7		3	4				1	5

5	8		3					
	1					7	4	9
2			4				8	5
				5		8	9	
	6				7	1	5	
			8		6			
		1				9		
		9	6					
6	5			1	8	4	2	7

4				5				1
2		5						
1			6		7	9	5	
		2						
9			4		1		2	
	4	1				8		7
	3			7		5	6	2
				4				
			2				9	3

3		6			1		4	
				3				5
8	5		9	4				
		3		9	7			6
						1	7	
5		1			4	9	3	
		2		1				
9		8	3		6	2	5	
	3		8					

8	6	3	5	4				7
1		9			2	8		3
			9			4	6	
4				2		3	7	9
							8	
	9		4	7				
		4	1	8				
	3	2	6		7	1		
7						6		

7			2			9		
5		3		9				
		1						
	9	5		3		1		
8					2	3		
	1	2			9	8	4	
	3	9	5		1		7	
				4			5	
		8	7	6		4		

	2			9	7			1
7	5				6			
		9					5	
5					8			
	9					1		
2	6	3	1	7		9		
	4			6				
			7	3	2		1	
3		7		5		2	6	

1				3		7		
	6						1	2
5		7		9	1		6	
		5				9	4	
					9	1		
		9		6	7		3	
	3	4		7			5	
					6	3		
		1			4		9	

9	1	8			6		4	
					2			
		4				6	3	
	4			2		9	6	
		9		8			1	
6			5	9	1	3		
				6		4		
		1		7	3			2
	5							

	4				1	8	3		6
				7	6	9	1	4	
		6		4	2				5
		3		8	5				2
	7			1			4		
					3	4			
	9				7	5	8	6	
				6			7	3	9
		7				1	2		

Light and Easy

		3	8					4
			1					
8		6		4		7	5	
3					6	2		
	2		9				7	
				2				
						8		
7		1	6				3	5
6	8		7		5		9	

		8				9		
	7		2	8		6		
							8	
	8						9	3
1	3			5	7			
	4	2	3	6				8
					1	2		
4	6	1			8		3	
5				3			4	

		8			4	9		2
	5	6	3	9				8
9	3		8				5	6
			4	8				
				6		7	8	9
	8				5			1
	6	7						4
		2						
		9				2	1	5

8			5		7	1		6
7							9	5
	1			9				
5		3			6	4	1	
	2		4		1			
4	6		9					
1	8	9						3
			3			8		4
	4		6				2	

Light and Easy

8		7	2					
				5	7	9		
	5		3			1		6
	1			8				3
		3				8		
6							1	5
	6		5			7		
					6		2	9
			9	7	2		3	

			8			9		7
	9				3			
8	3		5					6
	7							
1	4		7	3	2	5		8
2			4	8		3		
	8				9	4	1	5
	1		2					
9			6		4			

	2	6			8		7	
	8			5				9
	7	1				5		
2								
		3	5	1		2		6
			7	4	2			
6		2	4				9	
	5			2			4	1
			6		1	7	5	

6				9	4			
4		2	3		6		5	8
8	7	4			5		3	
		6				8		7
	9						6	
	6	1	4				8	3
		6					9	5
3					2	7		

9					5			1
	3			8	1			
		2	6		4			9
4				3				6
			8		6		1	
			1		2		4	
		6		1		2		5
		1				8		
	5				7	1	3	

3						9		5
8		1						
		7		3		8	6	
					4		9	
		8			9	4	7	
		9	8	1				6
	1		9	8			5	2
					1	3	4	
5		2				1		

9	6	8						
3	5		1	8	4			
				7				
	9		7		2			
			4			3		
8	2				5	6	1	
				3	7			
1							6	2
	8		6					5

			2	6	7			4
	5						1	2
		8			3			
		7	6				2	
	3	1	9	2	5		4	
			7					5
6		2			9		3	
	4		1				6	7

5						7		4
	8			1		3		
7	2				8			9
						8		
	7		2		1	9		5
	6	8					3	
8		9				4		
6			8					1
3		2		4			5	

			6			8		
	7			2	1	6		
		6			8	4	5	7
9		8						
			5					6
7								
			9		7		3	2
3		2	8			7		9
6			1			5	4	

				8				
		6		5	3		9	
9		4		2		8		7
						9		8
	8	5	9	6	2	7		
	3				5		1	
5	4	8		3	7	6	2	
6		1					7	
	9	7	2			1		

7				2	8			
	3			6				7
4			3	9	7			1
	9					3	1	
				5	2			
		5	1			7	2	9
3			8		6		5	
2		4		1				6

		6	2	7				9
			9			3		1
	8			4	1	5		
					3	7	9	
		9	4	8			5	
8			7	2	9		3	
						8		
6			8					5
2			6	3			1	

	9		1			7		6
5					9			
		7		8	5			
7						6	4	2
	8		4					1
6			5		1	9		7
4	7		2					3
8	5	6					7	
					4			

Light and Easy

			6		5			
	9							
	5		8	7	4			3
5								
		9			3	7		
7	3	1	9					5
	2				6	8		
	6		5		1	9		
8		3	2					6

			3		1	4	6	2
	3	4			9	1		
2					8			
				4				6
			1	3				
9		1			6		4	
		2	8		7	6	9	
		3	2				5	
		5				7		

6		3		2		1	5	
4	5		3		9		2	7
7	2		5					
			8			9		6
			6		3			
9		6						
		5	2				8	
1		2			8	7		
		4	9		1			5

					9			
			2	8				3
8			5		7			
		2			1	3		5
			9		8		4	6
9		7					2	
	7					1		8
5	1	3	8	7			6	9
			1	6		5		

	7		5	2			9	8
6	3	8	7	1	9			
						7	1	
3								1
								9
	9	2			8			5
	4				2			
	5		8	7		9		
7	6	1				5		2

9			6					
			5			7		6
			3	8	2			9
	1		4					
8		6		9	1		5	7
4				5	6	3	1	
				3		1		
		3					2	5
	6				5			

3		7						2
2		1		7				4
		8						1
	1			5	7		8	
				9				
			4	2			9	3
	9			6				
6			9		1	3		
4	8				2			

1	8	2			6	7		3
3			2				8	
9		7			1			6
						3		
2		5		4	3			7
	5	3		7			6	4
7				9				
				8		1		

38 Light and Easy

				5				3
7	6			1			8	5
			4		7	2		
4	7		2					1
5		6		7				
	5		3		8	6	4	7
9	3				6			
6		8			5	3		

8		5	7					4
							2	7
7							6	8
9		7	4					
		4		8	6			
5			3		7	4		
		2		9		1	3	5
4			6	1	5	2		

2	9	7		4			3	
	8	5	7					
						5		
	2			3			4	
		6			4		1	3
5								7
7	3	8			2			9
			3		6			
9			5					4

	2				9		6	
4		3	8		5	7		
					2	8		3
2				9	8	4	1	
	9	6						
			3	6			7	2
6								
	8	9		7				
					3	6		8

	3	9					8	7
				7		9		3
	2			9	5		4	1
			9	6		4		
		8	1			7		
		1			7			6
4	1	2		8		3		
	7				3		2	
			7		9		6	

	9		4			2		
2	3		6	9				
	6	7	1	5			9	4
3	7	6	9		1		5	
	2			7		4		
1			3			7		
4		3			9	6		
6				8				5
7							8	

	1	2	9		8		3	
6	9		7		2		4	
			1			9		
8	3				9	2		
1						4	5	9
	2							
							6	
7	5		6	9				8
2		4		1			9	5

		7		2			5	3
		8	3					1
					5	4		
6			4				7	
		5			1		6	
8				6		5	9	
2				1		7		9
	6		7				3	
			8				1	6

		4		6	9		8	
	7	2	5		4		6	9
9		8	2	3		1		
			6	7			9	1
6					5	4		
		5		9			2	3
	8	1	9			2		
2				5		9		6
		6						

		8		2				
			4		1		9	
	5					2		6
3	7			6		9		
9					2	5	7	3
		4			7	8		2
	6		5				8	9
	3			7	9			1
		9			8			

				9	5		2	
	7	9			3			
	2	1				9		
		4						2
			3	1	4			
	9	3		6	2	7		
2	1	8		5		6		3
9	6			3	7		8	
	3							5

		6		5				2
4		3				9		
5	9			1				6
3					1			7
			5		3	2	4	
1	5		4	7		6		
7				8				
2		8	6					

1		5	3		8		2	
		9	6				8	
	8		2	9	7			1
8		2		3		7		
	3		4					5
						3	1	
	1					6		
3			5	6		1		
6	2	7	9					

9		6	7					5
	4					2		
	3		5		6			4
		3		5				6
				9			8	
			8		4	7		
3		1	9		2	5		
8		5		1				

			1		9			
		3	6	4			2	1
	9							5
3	1	2				6	4	
5	7			9				
		9						8
			7	5				
	5					3		
4							9	2

		4		3				1
				4		2		
6	5							
7	1			5		8		
			7					9
				1	3	6	7	
		1		7				3
9		2				7		
	4		5	6				

9		7	6					1
	2	5				8		
		4	7					5
					5		8	
				2	9			
			1	3				2
1	6			8		2		
		3				6		
	7			1				

		1				5		
4		8						
				3			4	
			5					6
		7	6					2
3			9		7		8	
		5	8					
2	7							1
1			4		6			5

		1	6			4		
	8		3				5	
	2							
					4	2	6	
1	7	3		5			9	
					1			
	6	8			5		1	7
		2	4	7		5		

	4	3	1	9				
						9		
1				6		7		
8								
7				3	9	8		1
				4	5		2	
5		9			4	6	8	
3						4		
4	2							9

	7					3	9	
	6			8		2		
		5		9				8
	1			5	9			
2		9	4		6			
		8		7			4	
			3	1	4		8	
4					7			
						4		7

6	7				3			
8			9		5		1	
1				8			7	
			6					1
7			8					
9				4		7	5	8
4			2					
		9				4		
			5	3		9		6

		2	3					
		4	7	8	6		3	
	9	8						
5		9		6			4	
		3			4			
6			8	2		7		
2			6					7
	3		4	7			5	

				8			3	
					1		5	6
8	4	9						
			8		5	9		
3		4		1				
	8							2
7				2	6			1
		5					4	

						9	8	7
				5			2	
		3		7	8		6	
4	6		9		2			
		8						5
7				1	6		4	8
		4						
		1		4	7			
8					5			6

				1				
	2	9	7				6	
			5					
			4	7			5	
	8				9			
						6	3	
		1				9	2	
		5		6	4			8
	9	4	1					

			8					
	7				9			
			2		5			7
4		6		9				
			7		4	8	6	9
	1						4	2
	4		5				8	
		3			7		5	
1		7	9		6			

8		7				2		
		9						
	2				3	1	9	
		6	4					
7					1	6		8
					9			5
		5	2		4		3	
			3				7	
	1			8				

		2			6			
				3	1	7		
		5	7					1
		7		5		3		
	5							
4					3		6	
3	6		2					
					4	9		
1					9		8	

5							7	3
			1		4	2		
			2	7			6	
		7			9		4	2
1					6			9
2						8		
	6		7		5			
					2		5	
3	4							

	4	9			8		7	
						5		
	5	1	2		7	6		
3	6							
9						7		
		4	7				3	2
4							8	
	1		9	6				
	7	3					9	

		8				2		
				3	9	6	5	
				2				4
6			7	5	3			
	4				2		9	
7			1					
8	6			4	1			
		1	9		6			
	2							

5				9		7	3	
		1		4				
	4		6			1		
		4						
	5					8		2
		9	1	8	3			
			9			2		
	2	8		7	4	3	6	
		7						8

			7		1			8
7	4			8	9			5
			6					2
6						9		1
	5	7				3	2	
	1						6	
							4	3
		2	3					
	6	1			4	5		

	4					9		
1			3			5		
		6	7				8	2
					7	4		
4			1		2		5	
6			8	3		7		
9			5					
	3	8						
5					1	8	3	

					3			
		1					9	
3		6	9	2		1		8
	8					4	1	7
5				6				
				9	8		3	
		8			4			
1		7				6	4	5
							8	3

			1		4			
3		6						2
			6			3		
	5		9				7	
	3	2		1				
						8	3	
5	7	8		6				
1			3				9	
6			8	2		7		

8	5				4		3	
2	6							
	1		9	7				
	4		7					5
1			6			3		
5				1		7		
			8	6	2			
					1	6	4	
						5		

4	1	9		7		2	8	
	2					7		
			6		8			
					1	9		
6	5		3					
3								
		7	2	1				
	3				4	5		1

					6			1
2			4					
	9						8	
	1		8	3			6	
7							9	
	5					2		
		1					3	8
			7					4
	8	3	5					

					5	6		7
	2							
		5			6	8	3	
	9		7			4		
								3
			1					
1						9		
8					3	5	1	
6				5			2	

			6	1				
					3			2
			4			6		
	7						9	1
				1				
4			2					
	4						8	
6		3	5				4	
2			3				1	9

6		9						3
		8	4	9	5			
					1		7	
		7						
			5			1		8
			3		8		2	
2	3							
5			1		6		8	
							6	

			3	6	9			
2				4		6		
		5					7	
	9					7		
					8			
1				7	2			4
							2	6
		3	6			4		5
	4							

					2	8	7	
6		2		4				
9	4							
			8			1		6
			1				5	
2	8							
							1	
7			4				9	3
	6		7	5				

7			6			9	4	
					8			3
6				1				
			4		2			
2		6				7		
						3	9	
	7			4				
			2	7		5		1
	8				1			

		9		6	5			1
8				7				
					8			
	2		6					
		5		8				
			4			7	3	
6								
9						1		3
3					2	8		9

			4	2				
2								
		7		8	6	2		
3		8						4
		9		7		5		
			3				1	
		4	5				3	
	8			6	1	7		
6								

				1		6		9
8			7		3		1	
	7	1	9	2				3
6		9						
						9	5	4
	2							
			1		5		4	
2	6	3	4					
				3		8		

7			2		6			
	9			8				7
							2	5
	4						5	1
	1		7			2		
		9	1					6
9	8	5			7		1	
2							3	
	7				8		6	

		8		1				
						8		5
	2				4		7	1
	9	2	6				3	
		6	3	4		1		
			5		9	4		
			1			3		
3			2		7			
1					6		5	

		5				7		6
3	4			7				
	1	2				3		
	2		1		9		4	8
					7		5	
						2		
1			4		6	8	7	
	8					9	1	2
			8					

	4			2				
		6	3	7		9	8	
			8	9				4
3		5	4				9	2
	9					7		
			9					
						3		
8		4			5		1	
1	7			6		5		

				4			3	
				9			7	6
6						2	1	
9		2				3		
	4							
1		6	7					
			4		3	5		
					5			7
7			6				8	

					4			8
	5	4		6	7			
		2	5					
		3			2	5		1
	6				3			
1	7			8				
	4		1					6
					6			3
3								

2		4				3	9	
			5				4	
	9			7				
	5			9				
			2				3	6
			4	3	6	1		
		8						2
		6			5			
						9		

				4				
2				7			3	
	6	1				9		
		8					9	
				3	6	1	7	
9								
		5						1
			4	2	3			
	7	9					4	

8								
		3		9	4	8	2	
	2							
			8		1		3	
		1						
7		4				9		
5			6		9			
		6		1		7		5
			7			2	1	

						6		2
		9			6		7	5
	3	1					9	
	9	7						3
	5			9	4			
				4		3	6	
	2		8					9
	8		1					

					5			
6								9
	5		1				2	
1			4	9			7	8
		9						
5		3		6	2			
4				1			8	
			2		6	4		
		8						3

	2			3			6	
	9		5					
1		4						
8	1					7		
			7				5	3
			3		9			
3		7	6		5	8	9	
							4	
9						3		

2		1						
		5	7		8	6		
		4				5	2	
		6						
	4			3				
			8	6				7
		7				2		9
3					4		7	
					5		1	

							4	6
		3		2				9
				8		2		
6	7			9	5			
3	1		7					
		9		4				
					7		6	1
	6							
		5	4				7	3

						1	8	
	3	5					9	
								2
	7		4					
					5	4		
	8				6	9	3	
				1	9	3		4
			6		2			
6	1			5	3			

	8		4			7		3
	4							
	3	1		9				
					1			
			9			8		2
				5	3		9	
		3		2				
		6				4		
2			7	1		9		

1	2				8			7
3			2		4			
		6	9				5	
					7	9		
	1				3		2	
	8			6				4
						7		6
9							1	
	6					2		

104 Demanding

5		1				3	2	
				9		7		
4					8			
					2	5		
	7		3	5			1	
8	6							
					6		3	
6								
1				7			9	

							5	
	8				3			
						2	7	8
	6	3	5		4			
		7	9	3				1
			6					
				2			6	
	9						8	3
7		4	3					

	4		5		9			3
	6		4		7			
							2	
			3	9	6			
	1	9						
		2			4			
					1	8		
			8			4		6
		1		7		2		

			2		3			
	2							9
3		5		6			7	
	4	6			1	3		
			6					
					2	8	4	
7		9			6	1		
				7				
2		8				5		

						8		
	9	3						
4		2	5		7			9
	3		1					
	2							7
	7		2	5				
			9					8
7	8				1	2	6	
				6				4

	9		6	7			3	
							8	
	4		2				7	
		2	3	1				
			7		9	1		6
						7		
							6	
2								
3		8			5			9

110 Demanding

	5			8				7
		3	2					
	4	7				1		9
1			6				3	
	9							1
				3	4			
				2		4		
6		2						8
	7					5		

			6					8
			1					9
	5	3	8				4	
				9	2		1	
		8				9	2	
4								6
				5	3		9	
		2						
	1						7	5

	1					2	5	
	3	7		8	1			
	2			3			1	
		4	6			9		
		8				7		
			3				2	
			8		7			9
						6	7	
				2				

	3							1
9	8	6					5	
		7		6				
				8	4			
	5		6				9	
			2		3	1		
3		2						
						3	1	2
		9		5			8	

5			2			3		
4							1	
6	7				4	8		
	2	3						
					7			
		1						5
	5				6	2	4	
			8					
1					5	7		3

					2	6	8	
8	6		3					1
		4			9			
		1	7					
	9		2			4		
7								5
		8	5		7		2	
		3				5	1	
		7			6			

				3		6	9	
9				1				
		2					5	
		3		2	4			
1	8		7			3		
8						1	2	3
	3					9	4	
	7		9					

8								
						6	3	
	9				3			2
	8				1		5	
7			9		4			
	6							7
	3	5			9			
2				7		8		
			6			4		

	5					3		
			2					
1			9	4				
8	3	2						
							9	
9					7	8		
			7				6	3
4			3		2	1		
5	1					2	4	

		9	5		2			
		6	9	7		8		
	2							
			6			7		8
				9		6		5
6			2		4			9
8	4			3				6
	1		7	8				

	5							
			6		2			
8			9	1		2	6	
					5			2
	9		4		3		1	
5	6							7
	7		2			4		
		8		7			3	

	1					9		
4	5							2
				3			5	
					8	4		
5								
6	7			5				
	8		4				7	
		9			1		8	
				6	7			1

					1			
		8					1	
			2	7			6	
	6			9				7
7				2	8	4		
					3			2
			5			7		
9	5		1	6	7			
4								

				7		6		
9			8	1				3
		8	3			4	2	
				8				
		5			9		3	
		9			3		7	4
		2						6
	4			9				
	3		1					

	5	8						4
		6						
1					9		3	
	7							
			5	6			7	
	6		4	8		3		
		1		5			2	6
				7			8	
3								5

					9			
	3							9
	1			5		2	3	
			9	4			6	
		5			6			8
1					8	9	5	
9	5	7			1			
4								
				6		8		7

		4				5		6
	3	6						
		5		7			8	
	9				8		5	
				3	4			
		3	1			4		
3						8		4
			6				9	1
	2					7		

7					6			3
	8					2		
		3			4			
								7
6	1	9						4
				4	8		5	6
	9	4	7			1		
				3		6	7	
							9	

128 Demanding

					2			
		5			4		8	7
		8		5	9	6		
								8
					1	5	7	4
	6						1	
		7		4				
5	3			7				
1	9						5	

	5	6		4				
	8						9	4
					6	7		
							1	2
3			4		5			
7		2						
		4	3					9
			8		2		3	
2				6				

130 Demanding

6			8	3			4	
	8	5	1					
4				6			8	
					8			3
1	6				2			
		9			3		1	
	5		6					
	1			4		2	9	

							4	
1			6					
6	3	5				8		
		4		5			1	
					8	3	2	
					1		9	4
				3	6	4		
8				2				
		9				5		

				1			3	
	7	1				4		
4			5			3		
					9	5	1	
3	9			8			4	
	3				1			
9					7			6
		8	6				5	

3		4						7
		5		1				
6	2		5					3
	3				5	2		
1			3	7			9	
8		7			1			
			9				5	
2						4		6

			6	2			8	
	1	9						4
		4			7			3
			1				5	7
1					2			
2	4		8					
3	6						1	
				7	5			

		8						7
		9	4		5		6	
4								
				2	7			8
5					1			
	8				3	2		
6			5				9	
								4
7	3			1				

136 Demanding

				1		9		
3	5		4					
	1				8			
7		4	6	5				
			3			8		
								2
		3	5					
		6				7		1
				9	1		2	

5		6			4	7	9	
	4		9				6	
			3	7				
				6				7
				3		9		
	3	9		1		2		
7								4
4								
	9					8	2	

138 Demanding

		7			6			8
9								
3				7				
7						2	4	
	8					1		
5			4	9				
		6				4		
				2				3
2	1				7		5	

3					2		9	
	9			6	1	7		
		4		3				
			5		9			
		9						
	7	6				8		
6				1				4
						6	8	
	8		4	9				1

			2		4	5		
			9		3			
9								2
	3	6					2	
5								
				8			1	3
		5						
	7	4				9		
	6		8	7	2			

			7		2		5	
9		8		3				
						1		
			3					1
6				9				
			4			5	6	
	3				7			
	5		1	6			7	
			5			4		2

	3		1					4
9				5				8
	1							
			8		7		6	
7	9							2
8	6					9		1
3				7	2			
		1	5		8			
				4				3

	2		3	5				6
1			2			9	5	
				6				
	5	7					1	
		4	8		3			
2							6	
8	9							7
		1	5					3

2			8		9			
	5							
		3					4	
	4	9		6		1		
					3	8		
7						4		
	9	7					5	6
		4			1	9		
		6						

		6		9	8	5		
7	4							
		5	1				6	9
		8		6	5	9		
				1		7		5
3					4	1		
	7							
			8	7				
					6		3	

4		5			9			
	8	9						
	1					4		7
6		8	7					
							6	3
3			5	6				
	4				1	7		8
	9							2

	2	3		4		7		
		4			1		2	
					3		1	
			5	8				2
				2				6
7	6							
2	9							3
		8			5			9
4								

148 Demanding

				5		9	1	
	6							
7				8	9	2		
							5	2
	4	6	3					
9			8	7				
6		7						
		1					3	
	3	2	9	4		1		

9	3	6			2			
2			4		7			
4								6
					6			8
1				8		9	3	
					9		5	
3					4			
		7				8		
						2	6	9

		7			2		9	
			3				7	
2						6		
	1	6						5
		2			4		3	
			7					
8	4				9			3
1				2				
				6	3			

				6				9
	3	2				8		1
	9							4
		3	4		2			
			8					
4			3			1		5
		1			5		7	
5				4				
			7				8	

4		7						
		9		5	6			3
						4		
				4			2	
8			9					6
5			6	3				
		5				3		
	7			2	8	6	5	1
2								

	4				1	6		
				5				2
		7	2			9		
							4	
		5	3	1				
3	8		5					
7			8				9	
		4		9	2		1	
5						4		

		7		8				
				6	4		9	
3							8	4
		5	3	2				
					9		4	1
	9					5		
	3		6		1			2
	7					9		
								5

	4			3	7			
1				9				
					2			
4						3	6	
	3	6	7			1		
								4
5			9					
	2	7		8	3		9	
		3	6			8	5	

	7	4				8	1	
			5	8	4			
							2	
				7	6			
			3					1
9			4				6	
		5						7
4		1			5		9	
	2	3		4		5		

	5							7
						8		1
		6	9	3				
		4		5	2			
	9			4		1		6
	8		3					
		2				9		
				1		4		
6		1	2					

7							8	
9								
		4			7			5
6			4	9				7
5				3		4		
		2			5			
	3				6			
	2			8			9	
				7		2	3	

7	8	5				6		
					1			
4			2					
3		2					9	
		7			2	1		
			8	1		3		
					5		6	
	9					7		
		8	7			2		9

		4	8					
3					5	6	2	
				7				
	5	9				8		4
			1	5				
	6	7						
	7			4		5		6
						3	8	
				3				

			8			9		
3								
7	9			1				
								3
	4		6					
8	5		2				1	
6			3		2			4
					4	7		1
	2				9	3		6

4			5					6
3				7		1	2	
7								
8							7	
	6		9					5
	3					2	8	
				2	4			
			1		9			
6		4					5	

					6		5	
			1	7				
				2			4	3
	7					9		
1	2		6					
8							1	
	3		4					2
	6	9		5		8		7
		5						

	1			4				
						5		
		9			3			7
8		1			7	2		
			5		8		3	
3			2	1				
						6	9	
	9		1			4		
1			8					2

6					9			
			8					9
2		5		3				
1						4	9	
7	5							6
		2	5			7		
	6			7	8			
				5				
8					1	2		

	1			5		7		
			4					
		4		8				
			9		1			
2					5	9		
		3	2			8		5
9						1		
	7	8					6	
				4			3	

		6			9			1
						8		
7		4					6	
4	2							3
		7	1					
8			9	7				5
			8		5			6
			7					
		2		3		5		

8		4	6				5	
		1				8		
5	2		3					
1					3	5		2
						7	8	
	7					6		
4				9	1			
		2	4					
	9						7	

1						6		5
5		9	7			8		
		4			8			
			5			7		
	7							6
9		8	2					
	6			3			5	2
					4		1	
				1				

	5		2					1
				8			6	4
9		7						5
		3						
	2	9		3	1			
					4			9
7			6	9			2	
		5						
	8					7		

			1	7		5	3	
2		4		8				
1			3					
	9							
8		3		5				
			6		9		7	
		6			2	4		5
						6		7
9		8						

					6			1
	3		2		4	6		
		2						5
5			9	3				
			6		7	4		
		8			5			7
						9		2
		9	3		2			
	8	5						

	9							
	5	2					4	
				7			3	6
					2	8		1
							5	
	6	1		3		2		
		9						8
1		8	6					
				4			2	

			6			8		4
6					2		9	7
7		8						
	6		9	1			5	
9				2	8			
						7		
	5							
1	2	3		9	5			
								3

5				4	3			
	7					6		
								1
		2		5				6
					9	1		
	8	4	7			3		
					1			
	4	9				8		
		1	8		5			2

			8		7		1	
2		4					3	
4					8		7	
			7				8	5
6			4			9		
	8	3						1
		5			9			
		2	1					

				2	9			8
			3					
8	4							5
				1		8		
	1		7			9		2
	6			4		5	7	
		2			4			
		3	8					
9					1			6

		1	2				7	
				9	5		3	
2							6	
	5							
	1				7	9		5
	3	2	4					
		3	1					4
						8		
4		6			3			

	7							
	3					1	2	
		9	6	5				
5		8	9	6				
				1			5	
	6		4					
4		2			8			5
		7				8	1	
					3	7		

9					1			
	8		2		4			9
		3				5	1	
	4		8				2	
				7				
						8		3
			1					8
7			4	3			5	
5				7				

	3		5					
4	9				8			
1	2						4	
			8				7	
				2	6			9
	1	4	3			5		
		5		7	9	8	3	
					1	9		

9						7		
		8					4	2
	2					9	1	
5				2				8
			9		5		2	
	9			3				1
								4
3	7			6				
	5			1	2		3	

					1			
	8						6	9
		7		4			2	5
						3		8
	7			1	9			
	5		6		3	4		
8		4		7		5		
		5	1	9				

1	9					6		
		3		9				
			6			5		
								1
				5	9			
7		8			1			3
8				3				2
			9	2		3		
		5		1	8			

	8			7	9		2	
1	4						9	
		3		8				
	2					7	6	
					8			
7			2					
		4						2
			9	3			8	4
3				6		5		

		2	8		1			
		1					8	4
3	8			7		9	5	
			5					
1				2	6			
7					9		1	8
		3						
2						7	3	
								6

6			5	7				
8							9	
		9						4
	3		6				7	
				1	8			
		7		9	8		5	
	1				6			
			9		2			
	2				4			1

		9			4		1	7
8						9		2
	1			6				
						2		8
	3						7	
7			8					
			1		9		3	
	6							
2						7	9	4

2			9	3			1	8
					2			
		3			4			2
				7		9		
4	8							
3			6	4				
5								4
					7			1
9	2				8	5		

			3	5		6		
			4			7		
		2			9			8
3			5				9	
9	4	1						
					1	8		
1				2				
8			9			4		5
2	3		6					

					6	8		
6					1			
	4	7			2			9
1							5	
	6		2		8		4	
4	3		9					6
				4	5		7	
	7							2
					3			

5	4							
		7				6		
				2		1		
6	3		5	4				
			7	3			2	
				9	6			
		2		7	9	4		
	6				1		7	8
						3		1

		2			8			
				3			1	
1			6			3	7	
					1			
				9		8	4	5
	8	9			2			
3			1					
				5	4		2	6
					5			

		1	8			9	7	
			2					
	9							1
7	1					5		
			6					
	5	2	4					
		5	1	3		2		4
	7					8		
6				8				9

	6			5		3		1
	4							
9			6	8				
		8	3					
1						9		2
		3			6	4		
	1							4
7				2			1	
		2	9					

5				4			2	
	8	6						9
							4	
2			1					6
9					5			
		3			8	1		7
	1		7					2
					3			5
			9			7		8

	5		3		8			
		2						
			7					4
	8			9				
						1	9	3
		7			2			
7			4				1	
	4			3	9		7	
			1				6	

	1							
		9			7	8		
4		3						5
					1			3
3			7				4	
				9	8		5	2
					2		6	
2	4							9
			9	6		1		

7								6
9					8	2		
	4						5	
8					3		1	
	6		5					
	9			7				
2	8							
			1	3	4			7
3			6					

			8			4	6	
	8	5				7		
			2			6		
2				4		5		
	9				8	3		7
					1		9	4
4					5			
					9	8	7	

ANSWERS

1

6	4	5	9	1	3	8	2	7
2	9	8	5	4	7	6	1	3
3	7	1	8	6	2	5	9	4
1	2	3	7	8	5	9	4	6
9	8	7	4	2	6	3	5	1
4	5	6	1	3	9	7	8	2
5	3	2	6	9	1	4	7	8
8	1	9	3	7	4	2	6	5
7	6	4	2	5	8	1	3	9

2

4	8	7	1	2	6	3	5	9
6	1	5	9	3	4	8	2	7
2	3	9	7	5	8	1	4	6
3	7	1	6	9	5	4	8	2
5	6	8	2	4	3	9	7	1
9	2	4	8	1	7	5	6	3
1	4	6	5	7	9	2	3	8
8	5	2	3	6	1	7	9	4
7	9	3	4	8	2	6	1	5

3

5	8	4	3	7	9	6	1	2
3	1	6	5	8	2	7	4	9
2	9	7	4	6	1	3	8	5
7	4	2	1	5	3	8	9	6
9	6	8	2	4	7	1	5	3
1	3	5	8	9	6	2	7	4
4	2	1	7	3	5	9	6	8
8	7	9	6	2	4	5	3	1
6	5	3	9	1	8	4	2	7

4

4	6	7	9	5	3	2	8	1
2	9	5	8	1	4	3	7	6
1	8	3	6	2	7	9	5	4
3	5	2	7	6	8	1	4	9
9	7	8	4	3	1	6	2	5
6	4	1	5	9	2	8	3	7
8	3	4	1	7	9	5	6	2
5	2	9	3	4	6	7	1	8
7	1	6	2	8	5	4	9	3

5

3	9	6	7	5	1	8	4	2
2	1	4	6	3	8	7	9	5
8	5	7	9	4	2	6	1	3
4	8	3	1	9	7	5	2	6
6	2	9	5	8	3	1	7	4
5	7	1	2	6	4	9	3	8
7	6	2	4	1	5	3	8	9
9	4	8	3	7	6	2	5	1
1	3	5	8	2	9	4	6	7

6

8	6	3	5	4	1	9	2	7
1	4	9	7	6	2	8	5	3
5	2	7	9	3	8	4	6	1
4	1	5	8	2	6	3	7	9
2	7	6	3	1	9	5	8	4
3	9	8	4	7	5	2	1	6
6	5	4	1	8	3	7	9	2
9	3	2	6	5	7	1	4	8
7	8	1	2	9	4	6	3	5

7

7	8	6	2	1	5	9	3	4
5	2	3	4	9	6	7	8	1
9	4	1	3	8	7	5	6	2
6	9	5	8	3	4	1	2	7
8	7	4	1	5	2	3	9	6
3	1	2	6	7	9	8	4	5
4	3	9	5	2	1	6	7	8
1	6	7	9	4	8	2	5	3
2	5	8	7	6	3	4	1	9

8

8	2	6	5	9	7	3	4	1
7	5	4	3	1	6	8	9	2
1	3	9	2	8	4	7	5	6
5	7	1	9	4	8	6	2	3
4	9	8	6	2	3	1	7	5
2	6	3	1	7	5	9	8	4
9	4	2	8	6	1	5	3	7
6	8	5	7	3	2	4	1	9
3	1	7	4	5	9	2	6	8

9

1	4	2	6	3	5	7	8	9
9	6	3	7	4	8	5	1	2
5	8	7	2	9	1	4	6	3
8	7	5	1	2	3	9	4	6
3	2	6	4	5	9	1	7	8
4	1	9	8	6	7	2	3	5
6	3	4	9	7	2	8	5	1
7	9	8	5	1	6	3	2	4
2	5	1	3	8	4	6	9	7

10

9	1	8	7	3	6	2	4	5
5	3	6	4	1	2	7	8	9
2	7	4	8	5	9	6	3	1
1	4	5	3	2	7	9	6	8
3	2	9	6	8	4	5	1	7
6	8	7	5	9	1	3	2	4
8	9	2	1	6	5	4	7	3
4	6	1	9	7	3	8	5	2
7	5	3	2	4	8	1	9	6

11

7	4	9	5	1	8	3	2	6
3	2	5	7	6	9	1	4	8
1	8	6	4	2	3	9	7	5
4	1	3	8	5	7	6	9	2
5	7	2	1	9	6	4	8	3
9	6	8	2	3	4	5	1	7
2	9	4	3	7	5	8	6	1
8	5	1	6	4	2	7	3	9
6	3	7	9	8	1	2	5	4

12

2	5	3	8	6	7	9	1	4
4	7	9	5	1	3	6	2	8
8	1	6	2	4	9	7	5	3
3	4	5	1	7	6	2	8	9
1	2	8	9	5	4	3	7	6
9	6	7	3	2	8	5	4	1
5	3	2	4	9	1	8	6	7
7	9	1	6	8	2	4	3	5
6	8	4	7	3	5	1	9	2

13

3	1	8	6	7	5	9	2	4
9	7	4	2	8	3	6	1	5
2	5	6	1	9	4	3	8	7
6	8	5	4	1	2	7	9	3
1	3	9	8	5	7	4	6	2
7	4	2	3	6	9	1	5	8
8	9	3	5	4	1	2	7	6
4	6	1	7	2	8	5	3	9
5	2	7	9	3	6	8	4	1

14

1	7	8	6	5	4	9	3	2
2	5	6	3	9	1	4	7	8
9	3	4	8	7	2	1	5	6
6	9	1	4	8	7	5	2	3
4	2	5	1	6	3	7	8	9
7	8	3	9	2	5	6	4	1
5	6	7	2	1	8	3	9	4
3	1	2	5	4	9	8	6	7
8	4	9	7	3	6	2	1	5

15

8	9	2	5	3	7	1	4	6
7	3	4	1	6	8	2	9	5
6	1	5	2	9	4	7	3	8
5	7	3	8	2	6	4	1	9
9	2	8	4	5	1	3	6	7
4	6	1	9	7	3	5	8	2
1	8	9	7	4	2	6	5	3
2	5	6	3	1	9	8	7	4
3	4	7	6	8	5	9	2	1

16

8	9	7	2	6	1	3	5	4
1	3	6	4	5	7	9	8	2
4	5	2	3	9	8	1	7	6
7	1	5	6	8	4	2	9	3
9	4	3	1	2	5	8	6	7
6	2	8	7	3	9	4	1	5
2	6	9	5	1	3	7	4	8
3	7	1	8	4	6	5	2	9
5	8	4	9	7	2	6	3	1

17

5	2	1	8	4	6	9	3	7
7	9	6	1	2	3	8	5	4
8	3	4	5	9	7	1	2	6
3	7	8	9	6	5	2	4	1
1	4	9	7	3	2	5	6	8
2	6	5	4	8	1	3	7	9
6	8	2	3	7	9	4	1	5
4	1	7	2	5	8	6	9	3
9	5	3	6	1	4	7	8	2

18

5	2	6	1	9	8	3	7	4
3	8	4	2	5	7	1	6	9
9	7	1	3	6	4	5	2	8
2	9	5	8	3	6	4	1	7
7	4	3	5	1	9	2	8	6
1	6	8	7	4	2	9	3	5
6	1	2	4	7	5	8	9	3
8	5	7	9	2	3	6	4	1
4	3	9	6	8	1	7	5	2

19

6	8	7	5	9	4	3	2	1
5	3	9	8	2	1	6	7	4
4	1	2	3	7	6	9	5	8
8	7	4	2	6	5	1	3	9
2	5	6	1	3	9	8	4	7
1	9	3	7	4	8	5	6	2
9	6	1	4	5	7	2	8	3
7	2	8	6	1	3	4	9	5
3	4	5	9	8	2	7	1	6

20

9	6	7	3	2	5	4	8	1
5	3	4	9	8	1	6	7	2
1	8	2	6	7	4	3	5	9
4	1	8	7	3	9	5	2	6
7	2	5	8	4	6	9	1	3
6	9	3	1	5	2	7	4	8
3	7	6	4	1	8	2	9	5
2	4	1	5	9	3	8	6	7
8	5	9	2	6	7	1	3	4

21

3	6	4	2	7	8	9	1	5
8	5	1	4	9	6	7	2	3
2	9	7	1	3	5	8	6	4
1	3	5	7	6	4	2	9	8
6	2	8	3	5	9	4	7	1
7	4	9	8	1	2	5	3	6
4	1	3	9	8	7	6	5	2
9	8	6	5	2	1	3	4	7
5	7	2	6	4	3	1	8	9

22

9	6	8	2	5	3	1	7	4
3	5	7	1	8	4	2	9	6
4	1	2	9	7	6	8	5	3
6	9	3	7	1	2	5	4	8
5	7	1	4	6	8	3	2	9
8	2	4	3	9	5	6	1	7
2	4	6	5	3	7	9	8	1
1	3	5	8	4	9	7	6	2
7	8	9	6	2	1	4	3	5

23

3	1	9	2	6	7	5	8	4
7	5	6	4	9	8	3	1	2
4	2	8	5	1	3	6	7	9
2	6	4	3	7	1	9	5	8
5	9	7	6	8	4	1	2	3
8	3	1	9	2	5	7	4	6
1	8	3	7	4	6	2	9	5
6	7	2	8	5	9	4	3	1
9	4	5	1	3	2	8	6	7

24

5	3	1	6	2	9	7	8	4
9	8	4	7	1	5	3	2	6
7	2	6	4	3	8	5	1	9
1	9	5	3	7	6	8	4	2
4	7	3	2	8	1	9	6	5
2	6	8	5	9	4	1	3	7
8	5	9	1	6	2	4	7	3
6	4	7	8	5	3	2	9	1
3	1	2	9	4	7	6	5	8

25

4	3	9	6	7	5	8	2	1
8	7	5	4	2	1	6	9	3
1	2	6	3	9	8	4	5	7
9	6	8	7	4	3	2	1	5
2	4	1	5	8	9	3	7	6
7	5	3	2	1	6	9	8	4
5	8	4	9	6	7	1	3	2
3	1	2	8	5	4	7	6	9
6	9	7	1	3	2	5	4	8

26

2	7	3	4	8	9	5	6	1
8	1	6	7	5	3	4	9	2
9	5	4	6	2	1	8	3	7
7	6	2	3	1	4	9	5	8
1	8	5	9	6	2	7	4	3
4	3	9	8	7	5	2	1	6
5	4	8	1	3	7	6	2	9
6	2	1	5	9	8	3	7	4
3	9	7	2	4	6	1	8	5

27

7	6	1	5	2	8	4	9	3
5	3	9	4	6	1	2	8	7
4	2	8	3	9	7	5	6	1
8	9	2	6	7	4	3	1	5
1	7	3	9	5	2	6	4	8
6	4	5	1	8	3	7	2	9
9	8	6	2	3	5	1	7	4
3	1	7	8	4	6	9	5	2
2	5	4	7	1	9	8	3	6

28

1	3	6	2	7	5	4	8	9
5	2	4	9	6	8	3	7	1
9	8	7	3	4	1	5	2	6
4	6	2	1	5	3	7	9	8
3	7	9	4	8	6	1	5	2
8	1	5	7	2	9	6	3	4
7	4	1	5	9	2	8	6	3
6	9	3	8	1	7	2	4	5
2	5	8	6	3	4	9	1	7

29

3	9	8	1	4	2	7	5	6
5	6	2	7	3	9	4	1	8
1	4	7	6	8	5	3	2	9
7	1	5	3	9	8	6	4	2
2	8	9	4	6	7	5	3	1
6	3	4	5	2	1	9	8	7
4	7	1	2	5	6	8	9	3
8	5	6	9	1	3	2	7	4
9	2	3	8	7	4	1	6	5

30

3	7	4	6	9	5	1	2	8
6	9	8	3	1	2	4	5	7
1	5	2	8	7	4	6	9	3
5	4	6	1	2	7	3	8	9
2	8	9	4	5	3	7	6	1
7	3	1	9	6	8	2	4	5
9	2	5	7	3	6	8	1	4
4	6	7	5	8	1	9	3	2
8	1	3	2	4	9	5	7	6

31

5	8	9	3	7	1	4	6	2
6	3	4	5	2	9	1	8	7
2	1	7	4	6	8	5	3	9
3	5	8	9	4	2	7	1	6
4	7	6	1	3	5	9	2	8
9	2	1	7	8	6	3	4	5
1	4	2	8	5	7	6	9	3
7	6	3	2	9	4	8	5	1
8	9	5	6	1	3	2	7	4

32

6	8	3	7	2	4	1	5	9
4	5	1	3	8	9	6	2	7
7	2	9	5	1	6	3	4	8
5	3	7	8	4	2	9	1	6
2	1	8	6	9	3	5	7	4
9	4	6	1	7	5	8	3	2
3	9	5	2	6	7	4	8	1
1	6	2	4	5	8	7	9	3
8	7	4	9	3	1	2	6	5

33

3	5	4	6	1	9	2	8	7
7	6	1	2	8	4	9	5	3
8	2	9	5	3	7	6	1	4
6	8	2	7	4	1	3	9	5
1	3	5	9	2	8	7	4	6
9	4	7	3	5	6	8	2	1
2	7	6	4	9	5	1	3	8
5	1	3	8	7	2	4	6	9
4	9	8	1	6	3	5	7	2

34

1	7	4	5	2	3	6	9	8
6	3	8	7	1	9	2	5	4
9	2	5	4	8	6	7	1	3
3	8	7	2	9	5	4	6	1
5	1	6	3	4	7	8	2	9
4	9	2	1	6	8	3	7	5
8	4	9	6	5	2	1	3	7
2	5	3	8	7	1	9	4	6
7	6	1	9	3	4	5	8	2

35

9	5	8	6	4	7	2	3	1
3	4	2	5	1	9	7	8	6
6	7	1	3	8	2	5	4	9
2	1	5	4	7	3	6	9	8
8	3	6	2	9	1	4	5	7
4	9	7	8	5	6	3	1	2
5	2	9	7	3	8	1	6	4
7	8	3	1	6	4	9	2	5
1	6	4	9	2	5	8	7	3

36

3	4	7	8	1	9	5	6	2
2	9	1	6	7	5	8	3	4
5	6	8	2	4	3	9	7	1
9	1	4	3	5	7	2	8	6
8	2	3	1	9	6	4	5	7
7	5	6	4	2	8	1	9	3
1	3	9	5	6	4	7	2	8
6	7	2	9	8	1	3	4	5
4	8	5	7	3	2	6	1	9

37

5	9	6	7	3	8	2	4	1
1	8	2	4	5	6	7	9	3
3	7	4	2	1	9	6	8	5
9	3	7	8	2	1	4	5	6
4	1	8	5	6	7	3	2	9
2	6	5	9	4	3	8	1	7
8	5	3	1	7	2	9	6	4
7	2	1	6	9	4	5	3	8
6	4	9	3	8	5	1	7	2

38

8	9	4	6	5	2	1	7	3
7	6	2	9	1	3	4	8	5
3	1	5	4	8	7	2	9	6
1	8	9	5	3	4	7	6	2
4	7	3	2	6	9	8	5	1
5	2	6	8	7	1	9	3	4
2	5	1	3	9	8	6	4	7
9	3	7	1	4	6	5	2	8
6	4	8	7	2	5	3	1	9

39

8	2	5	7	6	9	3	1	4
3	9	6	1	4	8	5	2	7
7	4	1	5	3	2	9	6	8
9	3	7	4	5	1	6	8	2
2	1	4	9	8	6	7	5	3
5	6	8	3	2	7	4	9	1
6	7	2	8	9	4	1	3	5
4	8	3	6	1	5	2	7	9
1	5	9	2	7	3	8	4	6

40

2	9	7	8	4	5	1	3	6
3	8	5	7	6	1	4	9	2
6	1	4	9	2	3	5	7	8
1	2	9	6	3	7	8	4	5
8	7	6	2	5	4	9	1	3
5	4	3	1	8	9	2	6	7
7	3	8	4	1	2	6	5	9
4	5	2	3	9	6	7	8	1
9	6	1	5	7	8	3	2	4

41

5	2	8	7	3	9	1	6	4
4	6	3	8	1	5	7	2	9
9	7	1	6	4	2	8	5	3
2	3	7	5	9	8	4	1	6
1	9	6	4	2	7	3	8	5
8	5	4	3	6	1	9	7	2
6	1	5	9	8	4	2	3	7
3	8	9	2	7	6	5	4	1
7	4	2	1	5	3	6	9	8

42

5	3	9	6	4	1	2	8	7
1	6	4	2	7	8	9	5	3
8	2	7	3	9	5	6	4	1
7	5	3	9	6	2	4	1	8
6	9	8	1	5	4	7	3	2
2	4	1	8	3	7	5	9	6
4	1	2	5	8	6	3	7	9
9	7	6	4	1	3	8	2	5
3	8	5	7	2	9	1	6	4

43

5	9	1	4	3	8	2	7	6
2	3	4	6	9	7	5	1	8
8	6	7	1	5	2	3	9	4
3	7	6	9	4	1	8	5	2
9	2	5	8	7	6	4	3	1
1	4	8	3	2	5	7	6	9
4	8	3	5	1	9	6	2	7
6	1	2	7	8	3	9	4	5
7	5	9	2	6	4	1	8	3

44

5	1	2	9	4	8	6	3	7
6	9	8	7	3	2	5	4	1
3	4	7	1	5	6	9	8	2
8	3	5	4	7	9	2	1	6
1	7	6	2	8	3	4	5	9
4	2	9	5	6	1	8	7	3
9	8	1	3	2	5	7	6	4
7	5	3	6	9	4	1	2	8
2	6	4	8	1	7	3	9	5

45

4	1	7	6	2	8	9	5	3
9	5	8	3	7	4	6	2	1
3	2	6	1	9	5	4	8	7
6	9	2	4	5	3	1	7	8
7	4	5	9	8	1	3	6	2
8	3	1	2	6	7	5	9	4
2	8	3	5	1	6	7	4	9
1	6	9	7	4	2	8	3	5
5	7	4	8	3	9	2	1	6

46

3	5	4	1	6	9	7	8	2
1	7	2	5	8	4	3	6	9
9	6	8	2	3	7	1	5	4
8	4	3	6	7	2	5	9	1
6	2	9	3	1	5	4	7	8
7	1	5	4	9	8	6	2	3
5	8	1	9	4	6	2	3	7
2	3	7	8	5	1	9	4	6
4	9	6	7	2	3	8	1	5

47

4	9	8	7	2	6	1	3	5
6	2	3	4	5	1	7	9	8
7	5	1	9	8	3	2	4	6
3	7	2	8	6	5	9	1	4
9	8	6	1	4	2	5	7	3
5	1	4	3	9	7	8	6	2
2	6	7	5	1	4	3	8	9
8	3	5	6	7	9	4	2	1
1	4	9	2	3	8	6	5	7

48

3	4	6	7	9	5	8	2	1
8	7	9	1	2	3	4	5	6
5	2	1	8	4	6	9	3	7
6	5	4	9	7	8	3	1	2
7	8	2	3	1	4	5	6	9
1	9	3	5	6	2	7	4	8
2	1	8	4	5	9	6	7	3
9	6	5	2	3	7	1	8	4
4	3	7	6	8	1	2	9	5

49

8	7	6	3	5	9	4	1	2
4	1	3	7	2	6	9	5	8
5	9	2	8	1	4	7	3	6
3	2	5	9	4	1	8	6	7
9	8	7	5	6	3	2	4	1
6	4	1	2	8	7	3	9	5
1	5	9	4	7	2	6	8	3
7	6	4	1	3	8	5	2	9
2	3	8	6	9	5	1	7	4

50

1	6	5	3	4	8	9	2	7
2	7	9	6	5	1	4	8	3
4	8	3	2	9	7	5	6	1
8	5	2	1	3	9	7	4	6
7	3	1	4	8	6	2	9	5
9	4	6	7	2	5	3	1	8
5	1	4	8	7	2	6	3	9
3	9	8	5	6	4	1	7	2
6	2	7	9	1	3	8	5	4

51

9	2	6	7	4	8	3	1	5
5	4	7	1	3	9	2	6	8
1	3	8	5	2	6	9	7	4
7	8	3	2	5	1	4	9	6
6	5	4	3	9	7	1	8	2
2	1	9	8	6	4	7	5	3
3	6	1	9	8	2	5	4	7
8	7	5	4	1	3	6	2	9
4	9	2	6	7	5	8	3	1

52

2	6	5	1	8	9	4	3	7
7	8	3	6	4	5	9	2	1
1	9	4	2	3	7	8	6	5
3	1	2	5	7	8	6	4	9
5	7	8	4	9	6	2	1	3
6	4	9	3	1	2	7	5	8
9	2	6	7	5	3	1	8	4
8	5	1	9	2	4	3	7	6
4	3	7	8	6	1	5	9	2

53

2	9	4	6	3	7	5	8	1
1	7	3	8	4	5	2	9	6
6	5	8	1	9	2	3	4	7
7	1	9	4	5	6	8	3	2
4	3	6	7	2	8	1	5	9
8	2	5	9	1	3	6	7	4
5	8	1	2	7	9	4	6	3
9	6	2	3	8	4	7	1	5
3	4	7	5	6	1	9	2	8

54

9	3	7	6	5	8	4	2	1
6	2	5	3	4	1	8	9	7
8	1	4	7	9	2	3	6	5
7	9	2	4	6	5	1	8	3
3	4	1	8	2	9	7	5	6
5	8	6	1	3	7	9	4	2
1	6	9	5	8	3	2	7	4
2	5	3	9	7	4	6	1	8
4	7	8	2	1	6	5	3	9

55

7	6	1	2	9	4	5	3	8
4	3	8	7	6	5	2	1	9
5	2	9	1	3	8	6	4	7
8	1	2	5	4	3	7	9	6
9	4	7	6	8	1	3	5	2
3	5	6	9	2	7	1	8	4
6	9	5	8	1	2	4	7	3
2	7	4	3	5	9	8	6	1
1	8	3	4	7	6	9	2	5

56

5	9	1	6	8	7	4	2	3
6	8	7	3	4	2	1	5	9
3	2	4	5	1	9	6	7	8
8	5	9	7	3	4	2	6	1
1	7	3	2	5	6	8	9	4
2	4	6	8	9	1	7	3	5
4	6	8	9	2	5	3	1	7
7	3	5	1	6	8	9	4	2
9	1	2	4	7	3	5	8	6

57

6	4	3	1	9	7	2	5	8
2	7	5	4	8	3	9	1	6
1	9	8	5	6	2	7	4	3
8	3	2	7	1	6	5	9	4
7	5	4	2	3	9	8	6	1
9	6	1	8	4	5	3	2	7
5	1	9	3	7	4	6	8	2
3	8	6	9	2	1	4	7	5
4	2	7	6	5	8	1	3	9

58

8	7	2	6	4	1	3	9	5
9	6	3	7	8	5	2	1	4
1	4	5	2	9	3	7	6	8
7	1	4	8	5	9	6	3	2
2	5	9	4	3	6	8	7	1
6	3	8	1	7	2	5	4	9
5	2	7	3	1	4	9	8	6
4	8	6	9	2	7	1	5	3
3	9	1	5	6	8	4	2	7

59

6	7	5	1	2	3	8	9	4
8	3	4	9	7	5	6	1	2
1	9	2	4	8	6	5	7	3
5	8	3	6	9	7	2	4	1
7	4	1	8	5	2	3	6	9
9	2	6	3	4	1	7	5	8
4	5	8	2	6	9	1	3	7
3	6	9	7	1	8	4	2	5
2	1	7	5	3	4	9	8	6

60

7	6	2	3	9	5	8	1	4
1	5	4	7	8	6	2	3	9
3	9	8	2	4	1	5	7	6
5	2	9	1	6	7	3	4	8
8	7	3	9	5	4	6	2	1
6	4	1	8	2	3	7	9	5
2	1	5	6	3	9	4	8	7
4	8	7	5	1	2	9	6	3
9	3	6	4	7	8	1	5	2

61

5	1	6	7	8	2	4	3	9
2	3	7	9	4	1	8	5	6
8	4	9	5	6	3	1	2	7
1	7	2	8	3	5	9	6	4
3	5	4	6	1	9	2	7	8
9	6	8	2	7	4	3	1	5
4	8	1	3	5	7	6	9	2
7	9	3	4	2	6	5	8	1
6	2	5	1	9	8	7	4	3

62

5	4	6	1	2	3	9	8	7
1	8	7	6	5	9	3	2	4
9	2	3	4	7	8	5	6	1
4	6	5	9	8	2	1	7	3
2	1	8	7	3	4	6	9	5
7	3	9	5	1	6	2	4	8
3	9	4	8	6	1	7	5	2
6	5	1	2	4	7	8	3	9
8	7	2	3	9	5	4	1	6

63

4	5	8	3	1	6	2	9	7
3	2	9	7	4	8	1	6	5
7	1	6	5	9	2	4	8	3
9	6	3	4	7	1	8	5	2
5	8	2	6	3	9	7	4	1
1	4	7	2	8	5	6	3	9
6	3	1	8	5	7	9	2	4
2	7	5	9	6	4	3	1	8
8	9	4	1	2	3	5	7	6

64

6	2	1	8	7	3	5	9	4
5	7	4	1	6	9	2	3	8
3	9	8	2	4	5	6	1	7
4	8	6	3	9	2	1	7	5
2	3	5	7	1	4	8	6	9
7	1	9	6	5	8	3	4	2
9	4	2	5	3	1	7	8	6
8	6	3	4	2	7	9	5	1
1	5	7	9	8	6	4	2	3

65

8	3	7	1	9	5	2	6	4
1	6	9	7	4	2	5	8	3
5	2	4	8	6	3	1	9	7
3	5	6	4	2	8	7	1	9
7	9	2	5	3	1	6	4	8
4	8	1	6	7	9	3	2	5
9	7	5	2	1	4	8	3	6
2	4	8	3	5	6	9	7	1
6	1	3	9	8	7	4	5	2

66

7	1	2	8	9	6	4	5	3
9	4	6	5	3	1	7	2	8
8	3	5	7	4	2	6	9	1
6	9	7	4	5	8	3	1	2
2	5	3	6	1	7	8	4	9
4	8	1	9	2	3	5	6	7
3	6	9	2	8	5	1	7	4
5	2	8	1	7	4	9	3	6
1	7	4	3	6	9	2	8	5

67

5	2	1	9	6	8	4	7	3
6	7	3	1	5	4	2	9	8
4	8	9	2	7	3	5	6	1
8	3	7	5	1	9	6	4	2
1	5	4	8	2	6	7	3	9
2	9	6	3	4	7	8	1	5
9	6	2	7	3	5	1	8	4
7	1	8	4	9	2	3	5	6
3	4	5	6	8	1	9	2	7

68

6	4	9	5	1	8	2	7	3
7	3	2	6	9	4	5	1	8
8	5	1	2	3	7	6	4	9
3	6	7	4	2	9	8	5	1
9	2	5	3	8	1	7	6	4
1	8	4	7	5	6	9	3	2
4	9	6	1	7	2	3	8	5
5	1	8	9	6	3	4	2	7
2	7	3	8	4	5	1	9	6

69

4	5	8	6	1	7	2	3	9
2	1	7	4	3	9	6	5	8
3	9	6	5	2	8	7	1	4
6	8	9	7	5	3	1	4	2
1	4	5	8	6	2	3	9	7
7	3	2	1	9	4	5	8	6
8	6	3	2	4	1	9	7	5
5	7	1	9	8	6	4	2	3
9	2	4	3	7	5	8	6	1

70

5	8	6	2	9	1	7	3	4
3	9	1	8	4	7	6	2	5
7	4	2	6	3	5	1	8	9
8	6	4	7	5	2	9	1	3
1	5	3	4	6	9	8	7	2
2	7	9	1	8	3	4	5	6
6	3	5	9	1	8	2	4	7
9	2	8	5	7	4	3	6	1
4	1	7	3	2	6	5	9	8

71

5	2	6	7	3	1	4	9	8
7	4	3	2	8	9	6	1	5
1	8	9	6	4	5	7	3	2
6	3	8	4	7	2	9	5	1
9	5	7	1	6	8	3	2	4
2	1	4	5	9	3	8	6	7
8	7	5	9	1	6	2	4	3
4	9	2	3	5	7	1	8	6
3	6	1	8	2	4	5	7	9

72

2	4	5	6	1	8	9	7	3
1	8	7	3	2	9	5	6	4
3	9	6	7	4	5	1	8	2
8	1	3	9	5	7	4	2	6
4	7	9	1	6	2	3	5	8
6	5	2	8	3	4	7	9	1
9	2	1	5	8	3	6	4	7
7	3	8	4	9	6	2	1	5
5	6	4	2	7	1	8	3	9

73

8	9	2	5	1	3	7	6	4
7	5	1	8	4	6	3	9	2
3	4	6	9	2	7	1	5	8
6	8	9	2	3	5	4	1	7
5	7	3	4	6	1	8	2	9
2	1	4	7	9	8	5	3	6
9	3	8	6	5	4	2	7	1
1	2	7	3	8	9	6	4	5
4	6	5	1	7	2	9	8	3

74

2	8	9	1	3	4	5	6	7
3	4	6	5	7	8	9	1	2
7	1	5	6	9	2	3	8	4
4	5	1	9	8	3	2	7	6
8	3	2	7	1	6	4	5	9
9	6	7	2	4	5	8	3	1
5	7	8	4	6	9	1	2	3
1	2	4	3	5	7	6	9	8
6	9	3	8	2	1	7	4	5

75

8	5	7	1	2	4	9	3	6
2	6	9	3	5	8	4	7	1
3	1	4	9	7	6	8	5	2
9	4	6	7	8	3	2	1	5
1	7	2	6	4	5	3	8	9
5	8	3	2	1	9	7	6	4
4	3	5	8	6	2	1	9	7
7	2	8	5	9	1	6	4	3
6	9	1	4	3	7	5	2	8

76

4	1	9	5	7	3	2	8	6
8	2	6	1	4	9	7	3	5
5	7	3	6	2	8	1	9	4
7	8	2	4	5	1	9	6	3
6	5	4	3	9	2	8	1	7
3	9	1	7	8	6	4	5	2
9	6	7	2	1	5	3	4	8
2	3	8	9	6	4	5	7	1
1	4	5	8	3	7	6	2	9

77

8	3	7	9	2	6	5	4	1
2	6	5	4	1	8	3	7	9
1	9	4	3	7	5	6	8	2
9	1	2	8	3	7	4	6	5
7	4	6	1	5	2	8	9	3
3	5	8	6	4	9	2	1	7
5	7	1	2	6	4	9	3	8
6	2	9	7	8	3	1	5	4
4	8	3	5	9	1	7	2	6

78

3	8	4	2	1	5	6	9	7
9	2	6	3	8	7	1	4	5
7	1	5	4	9	6	8	3	2
5	9	8	7	3	2	4	6	1
2	6	1	5	4	9	7	8	3
4	3	7	1	6	8	2	5	9
1	5	3	6	2	4	9	7	8
8	4	2	9	7	3	5	1	6
6	7	9	8	5	1	3	2	4

79

7	2	8	6	1	5	9	3	4
9	6	4	7	8	3	1	5	2
1	3	5	4	2	9	6	7	8
3	7	2	8	5	6	4	9	1
8	5	6	9	4	1	7	2	3
4	9	1	2	3	7	8	6	5
5	4	9	1	7	2	3	8	6
6	1	3	5	9	8	2	4	7
2	8	7	3	6	4	5	1	9

80

6	1	9	7	8	2	4	5	3
3	7	8	4	9	5	2	1	6
4	5	2	6	3	1	8	7	9
8	4	7	2	1	9	6	3	5
9	2	3	5	6	7	1	4	8
1	6	5	3	4	8	9	2	7
2	3	6	8	5	4	7	9	1
5	9	4	1	7	6	3	8	2
7	8	1	9	2	3	5	6	4

81

7	8	1	3	6	9	5	4	2
2	3	9	7	4	5	6	1	8
4	6	5	2	8	1	9	7	3
8	9	2	4	3	6	7	5	1
3	7	4	1	5	8	2	6	9
1	5	6	9	7	2	8	3	4
5	1	7	8	9	4	3	2	6
9	2	3	6	1	7	4	8	5
6	4	8	5	2	3	1	9	7

82

5	1	3	9	6	2	8	7	4
6	7	2	5	4	8	9	3	1
9	4	8	3	1	7	2	6	5
4	5	7	8	3	9	1	2	6
3	9	6	1	2	4	7	5	8
2	8	1	6	7	5	3	4	9
8	3	4	2	9	6	5	1	7
7	2	5	4	8	1	6	9	3
1	6	9	7	5	3	4	8	2

83

7	1	8	6	2	3	9	4	5
4	2	9	7	5	8	1	6	3
6	5	3	9	1	4	8	2	7
1	3	7	4	9	2	6	5	8
2	9	6	3	8	5	7	1	4
8	4	5	1	6	7	3	9	2
5	7	1	8	4	6	2	3	9
3	6	4	2	7	9	5	8	1
9	8	2	5	3	1	4	7	6

84

2	7	9	3	6	5	4	8	1
8	3	1	2	7	4	5	9	6
5	6	4	1	9	8	3	2	7
7	2	3	6	5	1	9	4	8
4	9	5	7	8	3	6	1	2
1	8	6	4	2	9	7	3	5
6	1	8	9	3	7	2	5	4
9	5	2	8	4	6	1	7	3
3	4	7	5	1	2	8	6	9

85

8	5	1	4	2	7	3	9	6
2	9	6	1	5	3	4	7	8
4	3	7	9	8	6	2	5	1
3	7	8	6	1	5	9	2	4
1	4	9	8	7	2	5	6	3
5	6	2	3	4	9	8	1	7
7	1	4	5	9	8	6	3	2
9	8	3	2	6	1	7	4	5
6	2	5	7	3	4	1	8	9

86

4	3	2	5	1	8	6	7	9
8	9	6	7	4	3	2	1	5
5	7	1	9	2	6	4	8	3
6	4	9	3	5	1	7	2	8
3	1	8	6	7	2	9	5	4
7	2	5	8	9	4	1	3	6
9	8	7	1	6	5	3	4	2
2	6	3	4	8	7	5	9	1
1	5	4	2	3	9	8	6	7

87

7	5	1	2	4	6	8	9	3
6	9	2	3	8	5	1	4	7
4	3	8	9	7	1	6	2	5
3	4	7	8	6	2	9	5	1
5	1	6	7	9	3	2	8	4
8	2	9	1	5	4	3	7	6
9	8	5	6	3	7	4	1	2
2	6	4	5	1	9	7	3	8
1	7	3	4	2	8	5	6	9

88

6	7	8	9	1	5	2	4	3
9	1	4	7	2	3	8	6	5
5	2	3	8	6	4	9	7	1
4	9	2	6	8	1	5	3	7
7	5	6	3	4	2	1	8	9
8	3	1	5	7	9	4	2	6
2	6	7	1	5	8	3	9	4
3	4	5	2	9	7	6	1	8
1	8	9	4	3	6	7	5	2

89

8	9	5	3	1	4	7	2	6
3	4	6	8	7	2	5	9	1
7	1	2	6	9	5	3	8	4
5	2	7	1	3	9	6	4	8
4	3	8	2	6	7	1	5	9
9	6	1	5	4	8	2	3	7
1	5	9	4	2	6	8	7	3
6	8	4	7	5	3	9	1	2
2	7	3	9	8	1	4	6	5

90

9	4	8	5	2	6	1	7	3
2	1	6	3	7	4	9	8	5
5	3	7	8	9	1	2	6	4
3	6	5	4	1	7	8	9	2
4	9	2	6	8	3	7	5	1
7	8	1	9	5	2	4	3	6
6	5	9	1	4	8	3	2	7
8	2	4	7	3	5	6	1	9
1	7	3	2	6	9	5	4	8

91

2	1	7	8	4	6	9	3	5
4	3	5	2	9	1	8	7	6
6	9	8	3	5	7	2	1	4
9	7	2	5	1	4	3	6	8
5	4	3	9	6	8	7	2	1
1	8	6	7	3	2	4	5	9
8	6	1	4	7	3	5	9	2
3	2	9	1	8	5	6	4	7
7	5	4	6	2	9	1	8	3

92

6	1	7	3	2	4	9	5	8
9	5	4	8	6	7	3	1	2
8	3	2	5	9	1	6	4	7
4	8	3	9	7	2	5	6	1
2	6	5	4	1	3	8	7	9
1	7	9	6	8	5	2	3	4
5	4	8	1	3	9	7	2	6
7	9	1	2	5	6	4	8	3
3	2	6	7	4	8	1	9	5

93

2	7	4	8	6	1	3	9	5
3	6	1	5	2	9	8	4	7
8	9	5	3	7	4	6	2	1
6	5	3	1	9	7	2	8	4
4	1	9	2	5	8	7	3	6
7	8	2	4	3	6	1	5	9
9	4	8	7	1	3	5	6	2
1	2	6	9	8	5	4	7	3
5	3	7	6	4	2	9	1	8

94

8	5	3	6	4	9	2	1	7
2	9	4	8	7	1	5	3	6
7	6	1	3	5	2	9	8	4
6	3	8	2	1	7	4	9	5
5	4	2	9	3	6	1	7	8
9	1	7	5	8	4	6	2	3
4	2	5	7	9	8	3	6	1
1	8	6	4	2	3	7	5	9
3	7	9	1	6	5	8	4	2

95

8	7	9	1	6	2	4	5	3
1	6	3	5	9	4	8	2	7
4	2	5	3	8	7	1	6	9
6	9	2	8	7	1	5	3	4
3	8	1	9	4	5	6	7	2
7	5	4	2	3	6	9	8	1
5	1	7	6	2	9	3	4	8
2	3	6	4	1	8	7	9	5
9	4	8	7	5	3	2	1	6

96

5	7	8	4	1	9	6	3	2
2	4	9	3	8	6	1	7	5
6	3	1	5	2	7	8	9	4
4	6	2	7	3	8	9	5	1
8	9	7	6	5	1	2	4	3
1	5	3	2	9	4	7	8	6
7	1	5	9	4	2	3	6	8
3	2	6	8	7	5	4	1	9
9	8	4	1	6	3	5	2	7

97

9	8	1	6	2	5	3	4	7
6	2	4	7	3	8	1	5	9
3	5	7	1	4	9	8	2	6
1	6	2	4	9	3	5	7	8
8	4	9	5	7	1	6	3	2
5	7	3	8	6	2	9	1	4
4	9	6	3	1	7	2	8	5
7	3	5	2	8	6	4	9	1
2	1	8	9	5	4	7	6	3

98

5	2	8	1	3	7	9	6	4
7	9	6	5	4	2	1	3	8
1	3	4	9	6	8	2	7	5
8	1	3	4	5	6	7	2	9
2	6	9	7	8	1	4	5	3
4	7	5	3	2	9	6	8	1
3	4	7	6	1	5	8	9	2
6	8	1	2	9	3	5	4	7
9	5	2	8	7	4	3	1	6

99

2	6	1	4	5	3	7	9	8
9	3	5	7	2	8	6	4	1
8	7	4	9	1	6	5	2	3
5	8	6	1	4	7	9	3	2
7	4	9	5	3	2	1	8	6
1	2	3	8	6	9	4	5	7
4	5	7	3	8	1	2	6	9
3	1	2	6	9	4	8	7	5
6	9	8	2	7	5	3	1	4

100

2	8	1	5	7	9	3	4	6
5	4	3	6	2	1	7	8	9
7	9	6	3	8	4	2	1	5
6	7	2	8	9	5	1	3	4
3	1	4	7	6	2	5	9	8
8	5	9	1	4	3	6	2	7
4	3	8	2	5	7	9	6	1
1	6	7	9	3	8	4	5	2
9	2	5	4	1	6	8	7	3

101

9	4	2	5	6	7	1	8	3
8	3	5	1	2	4	7	9	6
1	6	7	3	9	8	5	4	2
5	7	9	4	3	1	6	2	8
3	2	6	9	8	5	4	1	7
4	8	1	2	7	6	9	3	5
2	5	8	7	1	9	3	6	4
7	9	3	6	4	2	8	5	1
6	1	4	8	5	3	2	7	9

102

5	8	9	4	6	2	7	1	3
7	4	2	1	3	8	6	5	9
6	3	1	5	9	7	2	4	8
9	2	4	8	7	1	3	6	5
3	1	5	9	4	6	8	7	2
8	6	7	2	5	3	1	9	4
4	7	3	6	2	9	5	8	1
1	9	6	3	8	5	4	2	7
2	5	8	7	1	4	9	3	6

103

1	2	5	6	3	8	4	9	7
3	9	7	2	5	4	8	6	1
8	4	6	9	7	1	3	5	2
6	5	4	1	2	7	9	8	3
7	1	9	4	8	3	6	2	5
2	8	3	5	6	9	1	7	4
5	3	1	8	9	2	7	4	6
9	7	2	3	4	6	5	1	8
4	6	8	7	1	5	2	3	9

104

5	9	1	4	6	7	3	2	8
2	8	6	1	9	3	7	5	4
4	3	7	5	2	8	9	6	1
3	1	4	6	8	2	5	7	9
9	7	2	3	5	4	8	1	6
8	6	5	7	1	9	2	4	3
7	2	8	9	4	6	1	3	5
6	5	9	2	3	1	4	8	7
1	4	3	8	7	5	6	9	2

105

2	7	1	8	4	6	3	5	9
9	8	5	2	7	3	4	1	6
3	4	6	1	9	5	2	7	8
1	6	3	5	8	4	9	2	7
8	5	7	9	3	2	6	4	1
4	2	9	6	1	7	8	3	5
5	3	8	7	2	9	1	6	4
6	9	2	4	5	1	7	8	3
7	1	4	3	6	8	5	9	2

106

1	4	7	5	2	9	6	8	3
2	6	3	4	8	7	5	9	1
9	5	8	1	6	3	7	2	4
8	7	4	3	9	6	1	5	2
6	1	9	2	5	8	3	4	7
5	3	2	7	1	4	9	6	8
3	2	6	9	4	1	8	7	5
7	9	5	8	3	2	4	1	6
4	8	1	6	7	5	2	3	9

107

6	1	7	2	9	3	4	5	8
8	2	4	5	1	7	6	3	9
3	9	5	4	6	8	2	7	1
5	4	6	7	8	1	3	9	2
9	8	2	6	3	4	7	1	5
1	7	3	9	5	2	8	4	6
7	5	9	3	2	6	1	8	4
4	6	1	8	7	5	9	2	3
2	3	8	1	4	9	5	6	7

108

5	6	7	3	1	9	8	4	2
8	9	3	6	4	2	7	5	1
4	1	2	5	8	7	6	3	9
9	3	8	1	7	4	5	2	6
6	2	5	8	9	3	4	1	7
1	7	4	2	5	6	9	8	3
3	4	6	9	2	5	1	7	8
7	8	9	4	3	1	2	6	5
2	5	1	7	6	8	3	9	4

109

8	9	5	6	7	1	4	3	2
1	2	7	9	4	3	6	8	5
6	4	3	2	5	8	9	7	1
7	6	2	3	1	4	5	9	8
5	3	4	7	8	9	1	2	6
9	8	1	5	2	6	7	4	3
4	5	9	1	3	2	8	6	7
2	1	6	8	9	7	3	5	4
3	7	8	4	6	5	2	1	9

110

2	5	6	9	8	1	3	4	7
9	1	3	2	4	7	8	5	6
8	4	7	3	5	6	1	2	9
1	2	5	6	9	8	7	3	4
3	9	4	5	7	2	6	8	1
7	6	8	1	3	4	2	9	5
5	8	1	7	2	9	4	6	3
6	3	2	4	1	5	9	7	8
4	7	9	8	6	3	5	1	2

111

9	4	1	6	2	5	7	3	8
2	8	7	1	3	4	5	6	9
6	5	3	8	7	9	1	4	2
7	6	5	3	9	2	8	1	4
1	3	8	5	4	6	9	2	7
4	2	9	7	8	1	3	5	6
8	7	6	2	5	3	4	9	1
5	9	2	4	1	7	6	8	3
3	1	4	9	6	8	2	7	5

112

8	1	9	7	6	4	2	5	3
5	3	7	2	8	1	4	9	6
4	2	6	5	3	9	8	1	7
2	7	4	6	1	5	9	3	8
3	5	8	4	9	2	7	6	1
6	9	1	3	7	8	5	2	4
1	6	2	8	5	7	3	4	9
9	8	5	1	4	3	6	7	2
7	4	3	9	2	6	1	8	5

113

5	3	4	7	2	9	8	6	1
9	8	6	4	3	1	2	5	7
1	2	7	8	6	5	9	3	4
7	9	1	5	8	4	6	2	3
2	5	3	6	1	7	4	9	8
6	4	8	2	9	3	1	7	5
3	6	2	1	7	8	5	4	9
8	7	5	9	4	6	3	1	2
4	1	9	3	5	2	7	8	6

114

5	1	8	2	6	9	3	7	4
4	3	2	7	5	8	9	1	6
6	7	9	3	1	4	8	5	2
9	2	3	5	4	1	6	8	7
8	4	5	6	3	7	1	2	9
7	6	1	9	8	2	4	3	5
3	5	7	1	9	6	2	4	8
2	9	4	8	7	3	5	6	1
1	8	6	4	2	5	7	9	3

115

5	7	9	4	1	2	6	8	3
8	6	2	3	7	5	9	4	1
1	3	4	6	8	9	7	5	2
4	8	1	7	5	3	2	6	9
3	9	5	2	6	1	4	7	8
7	2	6	8	9	4	1	3	5
9	1	8	5	4	7	3	2	6
6	4	3	9	2	8	5	1	7
2	5	7	1	3	6	8	9	4

116

4	5	7	8	3	2	6	9	1
9	6	8	5	1	7	2	3	4
3	1	2	4	9	6	7	5	8
6	9	3	1	2	4	8	7	5
7	2	5	3	6	8	4	1	9
1	8	4	7	5	9	3	6	2
8	4	9	6	7	5	1	2	3
5	3	6	2	8	1	9	4	7
2	7	1	9	4	3	5	8	6

117

8	2	3	5	9	6	7	4	1
5	1	4	2	8	7	6	3	9
6	9	7	4	1	3	5	8	2
3	8	2	7	6	1	9	5	4
7	5	1	9	2	4	3	6	8
4	6	9	3	5	8	1	2	7
1	3	5	8	4	9	2	7	6
2	4	6	1	7	5	8	9	3
9	7	8	6	3	2	4	1	5

118

6	5	9	7	1	8	3	2	4
3	8	4	2	6	5	9	7	1
1	2	7	9	4	3	6	5	8
8	3	2	4	9	6	7	1	5
7	6	5	8	3	1	4	9	2
9	4	1	5	2	7	8	3	6
2	9	8	1	7	4	5	6	3
4	7	6	3	5	2	1	8	9
5	1	3	6	8	9	2	4	7

119

3	8	9	5	4	2	1	6	7
4	5	6	9	7	1	8	3	2
1	2	7	3	6	8	5	9	4
5	9	4	6	1	3	7	2	8
2	3	1	8	9	7	6	4	5
6	7	8	2	5	4	3	1	9
8	4	5	1	3	9	2	7	6
7	6	3	4	2	5	9	8	1
9	1	2	7	8	6	4	5	3

120

2	5	6	8	3	7	1	9	4
1	4	9	6	5	2	8	7	3
8	3	7	9	1	4	2	6	5
3	8	1	7	6	5	9	4	2
7	9	2	4	8	3	5	1	6
5	6	4	1	2	9	3	8	7
6	7	3	2	9	8	4	5	1
9	1	5	3	4	6	7	2	8
4	2	8	5	7	1	6	3	9

121

2	1	3	5	8	6	9	4	7
4	5	6	7	1	9	8	3	2
8	9	7	2	3	4	1	5	6
9	3	1	6	7	8	4	2	5
5	2	8	1	4	3	7	6	9
6	7	4	9	5	2	3	1	8
1	8	2	4	9	5	6	7	3
7	6	9	3	2	1	5	8	4
3	4	5	8	6	7	2	9	1

122

6	2	4	8	5	1	3	7	9
5	7	8	9	3	6	2	1	4
1	3	9	2	7	4	5	6	8
2	6	3	4	9	5	1	8	7
7	9	1	6	2	8	4	3	5
8	4	5	7	1	3	6	9	2
3	8	6	5	4	9	7	2	1
9	5	2	1	6	7	8	4	3
4	1	7	3	8	2	9	5	6

123

3	5	4	9	7	2	6	1	8
9	2	6	8	1	4	7	5	3
7	1	8	3	6	5	4	2	9
2	7	3	4	8	1	9	6	5
4	6	5	7	2	9	8	3	1
1	8	9	6	5	3	2	7	4
8	9	2	5	3	7	1	4	6
5	4	1	2	9	6	3	8	7
6	3	7	1	4	8	5	9	2

124

9	5	8	7	2	3	6	1	4
4	3	6	8	1	5	2	9	7
1	2	7	6	4	9	5	3	8
5	7	4	9	3	1	8	6	2
8	1	3	5	6	2	4	7	9
2	6	9	4	8	7	3	5	1
7	4	1	3	5	8	9	2	6
6	9	5	2	7	4	1	8	3
3	8	2	1	9	6	7	4	5

125

6	7	2	4	3	9	1	8	5
5	3	4	1	8	2	6	7	9
8	1	9	6	5	7	2	3	4
2	8	3	9	4	5	7	6	1
7	9	5	3	1	6	4	2	8
1	4	6	2	7	8	9	5	3
9	5	7	8	2	1	3	4	6
4	6	8	7	9	3	5	1	2
3	2	1	5	6	4	8	9	7

126

2	7	4	3	8	9	5	1	6
8	3	6	2	1	5	9	4	7
9	1	5	4	7	6	3	8	2
4	9	2	7	6	8	1	5	3
1	8	7	5	3	4	6	2	9
5	6	3	1	9	2	4	7	8
3	5	1	9	2	7	8	6	4
7	4	8	6	5	3	2	9	1
6	2	9	8	4	1	7	3	5

127

7	2	1	9	8	6	5	4	3
4	8	5	3	1	7	2	6	9
9	6	3	2	5	4	7	8	1
5	4	8	6	9	2	3	1	7
6	1	9	5	7	3	8	2	4
2	3	7	1	4	8	9	5	6
8	9	4	7	6	5	1	3	2
1	5	2	4	3	9	6	7	8
3	7	6	8	2	1	4	9	5

128

3	7	6	8	1	2	4	9	5
9	1	5	3	6	4	2	8	7
2	4	8	7	5	9	6	3	1
7	5	1	4	2	3	9	6	8
8	2	3	6	9	1	5	7	4
4	6	9	5	8	7	3	1	2
6	8	7	9	4	5	1	2	3
5	3	2	1	7	6	8	4	9
1	9	4	2	3	8	7	5	6

129

9	5	6	1	4	7	2	8	3
1	8	7	2	5	3	6	9	4
4	2	3	9	8	6	7	5	1
6	4	5	7	3	9	8	1	2
3	1	8	4	2	5	9	6	7
7	9	2	6	1	8	3	4	5
8	6	4	3	7	1	5	2	9
5	7	1	8	9	2	4	3	6
2	3	9	5	6	4	1	7	8

130

6	7	1	8	3	5	9	4	2
9	8	5	1	2	4	3	6	7
2	3	4	9	7	6	8	5	1
4	2	3	7	6	9	1	8	5
5	9	7	4	1	8	6	2	3
1	6	8	3	5	2	4	7	9
7	4	9	2	8	3	5	1	6
8	5	2	6	9	1	7	3	4
3	1	6	5	4	7	2	9	8

131

9	8	2	3	7	5	1	4	6
1	4	7	6	8	9	2	5	3
6	3	5	1	4	2	8	7	9
2	9	4	7	5	3	6	1	8
7	1	6	4	9	8	3	2	5
3	5	8	2	6	1	7	9	4
5	2	1	9	3	6	4	8	7
8	7	3	5	2	4	9	6	1
4	6	9	8	1	7	5	3	2

132

6	4	9	7	1	8	2	3	5
5	7	1	9	2	3	4	6	8
2	8	3	4	6	5	9	7	1
4	1	2	5	7	6	3	8	9
8	6	7	3	4	9	5	1	2
3	9	5	1	8	2	6	4	7
7	3	6	2	5	1	8	9	4
9	5	4	8	3	7	1	2	6
1	2	8	6	9	4	7	5	3

133

3	1	4	8	2	9	5	6	7
7	8	5	6	1	3	9	4	2
6	2	9	5	4	7	1	8	3
9	3	6	1	8	5	2	7	4
1	4	2	3	7	6	8	9	5
5	7	8	2	9	4	6	3	1
8	5	7	4	6	1	3	2	9
4	6	1	9	3	2	7	5	8
2	9	3	7	5	8	4	1	6

134

7	5	3	6	2	4	9	8	1
6	1	9	7	5	8	3	2	4
4	8	2	1	9	3	5	7	6
5	2	4	9	8	7	1	6	3
9	3	8	4	1	6	2	5	7
1	7	6	5	3	2	4	9	8
2	4	5	8	6	1	7	3	9
3	6	7	2	4	9	8	1	5
8	9	1	3	7	5	6	4	2

135

3	6	8	1	9	2	4	5	7
2	7	9	4	3	5	8	6	1
4	5	1	7	6	8	9	3	2
9	4	3	6	2	7	5	1	8
5	2	6	8	4	1	3	7	9
1	8	7	9	5	3	2	4	6
6	1	2	5	8	4	7	9	3
8	9	5	3	7	6	1	2	4
7	3	4	2	1	9	6	8	5

136

8	6	7	2	1	5	9	3	4
3	5	9	4	6	7	2	1	8
4	1	2	9	3	8	5	6	7
7	8	4	6	5	2	1	9	3
6	2	1	3	7	9	8	4	5
9	3	5	1	8	4	6	7	2
1	7	3	5	2	6	4	8	9
2	9	6	8	4	3	7	5	1
5	4	8	7	9	1	3	2	6

137

5	8	6	1	2	4	7	9	3
3	4	7	9	5	8	1	6	2
9	2	1	3	7	6	4	5	8
2	1	4	8	6	9	5	3	7
6	7	5	4	3	2	9	8	1
8	3	9	7	1	5	2	4	6
7	5	8	2	9	3	6	1	4
4	6	2	5	8	1	3	7	9
1	9	3	6	4	7	8	2	5

138

1	4	7	5	3	6	9	2	8
9	6	5	2	8	4	3	7	1
3	2	8	1	7	9	5	6	4
7	9	1	8	6	3	2	4	5
6	8	4	7	5	2	1	3	9
5	3	2	4	9	1	6	8	7
8	7	6	3	1	5	4	9	2
4	5	9	6	2	8	7	1	3
2	1	3	9	4	7	8	5	6

139

3	6	8	7	4	2	1	9	5
5	9	2	8	6	1	7	4	3
7	1	4	9	3	5	2	6	8
8	2	3	5	7	9	4	1	6
1	5	9	6	8	4	3	2	7
4	7	6	1	2	3	8	5	9
6	3	5	2	1	8	9	7	4
9	4	1	3	5	7	6	8	2
2	8	7	4	9	6	5	3	1

140

6	8	3	2	1	4	5	7	9
4	2	7	9	5	3	6	8	1
9	5	1	7	6	8	3	4	2
1	3	6	4	9	7	8	2	5
5	4	8	3	2	1	7	9	6
7	9	2	5	8	6	4	1	3
8	1	5	6	4	9	2	3	7
2	7	4	1	3	5	9	6	8
3	6	9	8	7	2	1	5	4

141

3	4	6	7	1	2	9	5	8
9	1	8	6	3	5	7	2	4
5	7	2	8	4	9	1	3	6
4	9	7	3	5	6	2	8	1
6	8	5	2	9	1	3	4	7
1	2	3	4	7	8	5	6	9
8	3	4	9	2	7	6	1	5
2	5	9	1	6	4	8	7	3
7	6	1	5	8	3	4	9	2

142

5	3	7	1	8	9	6	2	4
9	2	6	7	5	4	1	3	8
4	1	8	2	6	3	5	9	7
1	4	2	8	9	7	3	6	5
7	9	5	3	1	6	4	8	2
8	6	3	4	2	5	9	7	1
3	5	4	9	7	2	8	1	6
6	7	1	5	3	8	2	4	9
2	8	9	6	4	1	7	5	3

143

5	7	8	4	9	6	1	3	2
4	2	9	3	5	1	7	8	6
1	3	6	2	8	7	9	5	4
3	8	2	1	6	5	4	7	9
6	5	7	9	2	4	3	1	8
9	1	4	8	7	3	6	2	5
2	4	5	7	3	9	8	6	1
8	9	3	6	1	2	5	4	7
7	6	1	5	4	8	2	9	3

144

2	6	1	8	4	9	5	3	7
4	5	8	3	2	7	6	9	1
9	7	3	5	1	6	2	4	8
3	4	9	7	6	8	1	2	5
6	1	2	4	5	3	8	7	9
7	8	5	1	9	2	4	6	3
1	9	7	2	8	4	3	5	6
5	3	4	6	7	1	9	8	2
8	2	6	9	3	5	7	1	4

145

1	3	6	2	9	8	5	7	4
7	4	9	6	5	3	8	1	2
8	2	5	1	4	7	3	6	9
2	1	8	7	6	5	9	4	3
6	9	4	3	1	2	7	8	5
3	5	7	9	8	4	1	2	6
5	7	2	4	3	1	6	9	8
4	6	3	8	7	9	2	5	1
9	8	1	5	2	6	4	3	7

146

4	6	5	3	7	9	2	8	1
7	8	9	1	4	2	3	5	6
2	1	3	8	5	6	4	9	7
6	5	8	7	9	3	1	2	4
9	7	4	2	1	8	5	6	3
3	2	1	5	6	4	8	7	9
5	4	6	9	2	1	7	3	8
1	3	2	6	8	7	9	4	5
8	9	7	4	3	5	6	1	2

147

1	2	3	6	4	8	7	9	5
6	7	4	9	5	1	3	2	8
5	8	9	2	7	3	6	1	4
9	3	1	5	8	6	4	7	2
8	4	5	1	2	7	9	3	6
7	6	2	4	3	9	8	5	1
2	9	7	8	1	4	5	6	3
3	1	8	7	6	5	2	4	9
4	5	6	3	9	2	1	8	7

148

3	2	4	7	5	6	9	1	8
8	6	9	1	2	3	5	7	4
7	1	5	4	8	9	2	6	3
1	7	8	6	9	4	3	5	2
2	4	6	3	1	5	8	9	7
9	5	3	8	7	2	6	4	1
6	8	7	5	3	1	4	2	9
4	9	1	2	6	8	7	3	5
5	3	2	9	4	7	1	8	6

149

9	3	6	5	1	2	7	8	4
2	1	8	4	6	7	3	9	5
4	7	5	9	3	8	1	2	6
7	5	9	3	2	6	4	1	8
1	6	4	7	8	5	9	3	2
8	2	3	1	4	9	6	5	7
3	8	2	6	9	4	5	7	1
6	9	7	2	5	1	8	4	3
5	4	1	8	7	3	2	6	9

150

4	5	7	6	8	2	3	9	1
6	9	8	3	5	1	4	7	2
2	3	1	9	4	7	6	5	8
3	1	6	2	9	8	7	4	5
9	7	2	5	1	4	8	3	6
5	8	4	7	3	6	1	2	9
8	4	5	1	7	9	2	6	3
1	6	3	4	2	5	9	8	7
7	2	9	8	6	3	5	1	4

151

8	1	4	2	6	3	7	5	9
7	3	2	5	9	4	8	6	1
6	9	5	1	8	7	2	3	4
1	7	3	4	5	2	6	9	8
2	5	9	8	1	6	3	4	7
4	6	8	3	7	9	1	2	5
3	8	1	9	2	5	4	7	6
5	2	7	6	4	8	9	1	3
9	4	6	7	3	1	5	8	2

152

4	2	7	1	8	3	9	6	5
1	8	9	4	5	6	2	7	3
3	5	6	2	7	9	4	1	8
7	6	3	8	4	5	1	2	9
8	4	2	9	1	7	5	3	6
5	9	1	6	3	2	8	4	7
6	1	5	7	9	4	3	8	2
9	7	4	3	2	8	6	5	1
2	3	8	5	6	1	7	9	4

153

2	4	3	9	7	1	6	5	8
9	6	8	4	5	3	1	7	2
1	5	7	2	6	8	9	3	4
6	2	1	7	8	9	3	4	5
4	7	5	3	1	6	8	2	9
3	8	9	5	2	4	7	6	1
7	1	6	8	4	5	2	9	3
8	3	4	6	9	2	5	1	7
5	9	2	1	3	7	4	8	6

154

9	4	7	1	8	3	2	5	6
2	8	1	5	6	4	7	9	3
3	5	6	9	7	2	1	8	4
4	1	5	3	2	7	8	6	9
7	6	2	8	5	9	3	4	1
8	9	3	4	1	6	5	2	7
5	3	8	6	9	1	4	7	2
6	7	4	2	3	5	9	1	8
1	2	9	7	4	8	6	3	5

155

2	4	5	8	3	7	6	1	9
1	6	8	4	9	5	2	7	3
3	7	9	1	6	2	5	4	8
4	9	1	2	5	8	3	6	7
8	3	6	7	4	9	1	2	5
7	5	2	3	1	6	9	8	4
5	8	4	9	2	1	7	3	6
6	2	7	5	8	3	4	9	1
9	1	3	6	7	4	8	5	2

156

5	7	4	6	2	3	8	1	9
2	1	9	5	8	4	6	7	3
3	6	8	9	1	7	4	2	5
1	5	2	8	7	6	9	3	4
8	4	6	3	9	2	7	5	1
9	3	7	4	5	1	2	6	8
6	9	5	2	3	8	1	4	7
4	8	1	7	6	5	3	9	2
7	2	3	1	4	9	5	8	6

157

4	5	9	8	2	1	6	3	7
3	2	7	4	6	5	8	9	1
8	1	6	9	3	7	2	4	5
7	6	4	1	5	2	3	8	9
2	9	3	7	4	8	1	5	6
1	8	5	3	9	6	7	2	4
5	3	2	6	7	4	9	1	8
9	7	8	5	1	3	4	6	2
6	4	1	2	8	9	5	7	3

158

7	5	1	2	4	9	6	8	3
9	6	3	8	5	1	7	4	2
2	8	4	3	6	7	9	1	5
6	1	8	4	9	2	3	5	7
5	7	9	6	3	8	4	2	1
3	4	2	7	1	5	8	6	9
8	3	5	9	2	6	1	7	4
4	2	7	1	8	3	5	9	6
1	9	6	5	7	4	2	3	8

159

7	8	5	4	3	9	6	2	1
9	2	3	6	7	1	5	8	4
4	6	1	2	5	8	9	3	7
3	1	2	5	6	7	4	9	8
8	4	7	3	9	2	1	5	6
6	5	9	8	1	4	3	7	2
1	7	4	9	2	5	8	6	3
2	9	6	1	8	3	7	4	5
5	3	8	7	4	6	2	1	9

160

7	2	4	8	1	6	9	5	3
3	8	1	4	9	5	6	2	7
6	9	5	3	7	2	1	4	8
1	5	9	6	2	7	8	3	4
2	3	8	1	5	4	7	6	9
4	6	7	9	3	8	2	1	5
8	7	3	2	4	1	5	9	6
5	4	2	7	6	9	3	8	1
9	1	6	5	8	3	4	7	2

161

5	6	1	8	2	3	9	4	7
3	8	4	7	9	5	1	6	2
7	9	2	4	1	6	5	3	8
2	7	6	9	5	1	4	8	3
1	4	9	6	3	8	2	7	5
8	5	3	2	4	7	6	1	9
6	1	5	3	7	2	8	9	4
9	3	8	5	6	4	7	2	1
4	2	7	1	8	9	3	5	6

162

4	8	1	5	9	2	7	3	6
3	5	9	8	7	6	1	2	4
7	2	6	3	4	1	5	9	8
8	4	5	2	1	3	6	7	9
1	6	2	9	8	7	3	4	5
9	3	7	4	6	5	2	8	1
5	9	3	6	2	4	8	1	7
2	7	8	1	5	9	4	6	3
6	1	4	7	3	8	9	5	2

163

9	4	7	3	8	6	2	5	1
3	5	2	1	7	4	6	8	9
6	1	8	5	2	9	7	4	3
5	7	4	8	1	3	9	2	6
1	2	3	6	9	5	4	7	8
8	9	6	7	4	2	3	1	5
7	3	1	4	6	8	5	9	2
4	6	9	2	5	1	8	3	7
2	8	5	9	3	7	1	6	4

164

6	1	8	7	4	5	9	2	3
7	3	2	9	8	1	5	4	6
5	4	9	6	2	3	8	1	7
8	5	1	4	3	7	2	6	9
9	2	7	5	6	8	1	3	4
3	6	4	2	1	9	7	8	5
4	8	5	3	7	2	6	9	1
2	9	3	1	5	6	4	7	8
1	7	6	8	9	4	3	5	2

165

6	8	3	1	4	9	5	7	2
4	1	7	8	2	5	3	6	9
2	9	5	6	3	7	8	4	1
1	3	6	7	8	2	4	9	5
7	5	8	4	9	3	1	2	6
9	4	2	5	1	6	7	3	8
5	6	4	2	7	8	9	1	3
3	2	1	9	5	4	6	8	7
8	7	9	3	6	1	2	5	4

166

6	1	9	3	5	2	7	8	4
8	2	7	4	9	6	3	5	1
3	5	4	1	8	7	6	9	2
5	8	6	9	7	1	4	2	3
2	4	1	8	3	5	9	7	6
7	9	3	2	6	4	8	1	5
9	3	5	6	2	8	1	4	7
4	7	8	5	1	3	2	6	9
1	6	2	7	4	9	5	3	8

167

3	8	6	2	4	9	7	5	1
2	9	5	6	1	7	8	3	4
7	1	4	3	5	8	9	6	2
4	2	9	5	8	6	1	7	3
6	5	7	1	2	3	4	9	8
8	3	1	9	7	4	6	2	5
1	7	3	8	9	5	2	4	6
5	4	8	7	6	2	3	1	9
9	6	2	4	3	1	5	8	7

168

8	3	4	6	1	2	9	5	7
9	6	1	5	4	7	8	2	3
5	2	7	3	8	9	4	1	6
1	8	6	9	7	3	5	4	2
3	4	5	1	2	6	7	8	9
2	7	9	8	5	4	6	3	1
4	5	3	7	9	1	2	6	8
7	1	2	4	6	8	3	9	5
6	9	8	2	3	5	1	7	4

169

1	8	7	4	9	2	6	3	5
5	3	9	7	6	1	8	2	4
6	2	4	3	5	8	1	7	9
2	4	6	5	8	3	7	9	1
3	7	5	1	4	9	2	8	6
9	1	8	2	7	6	5	4	3
8	6	1	9	3	7	4	5	2
7	5	3	6	2	4	9	1	8
4	9	2	8	1	5	3	6	7

170

8	5	6	2	4	9	3	7	1
2	3	1	5	8	7	9	6	4
9	4	7	1	6	3	2	8	5
1	7	3	9	5	6	8	4	2
4	2	9	8	3	1	6	5	7
5	6	8	7	2	4	1	3	9
7	1	4	6	9	8	5	2	3
6	9	5	3	7	2	4	1	8
3	8	2	4	1	5	7	9	6

171

6	8	9	1	7	4	5	3	2
2	3	4	9	8	5	7	6	1
1	5	7	3	2	6	8	4	9
7	9	1	2	4	8	3	5	6
8	6	3	7	5	1	9	2	4
4	2	5	6	3	9	1	7	8
3	7	6	8	1	2	4	9	5
5	1	2	4	9	3	6	8	7
9	4	8	5	6	7	2	1	3

172

4	5	7	8	9	6	2	3	1
8	3	1	2	5	4	6	7	9
9	6	2	7	1	3	8	4	5
5	7	4	9	3	8	1	2	6
1	9	3	6	2	7	4	5	8
6	2	8	1	4	5	3	9	7
3	4	6	5	7	1	9	8	2
7	1	9	3	8	2	5	6	4
2	8	5	4	6	9	7	1	3

173

3	9	6	4	1	5	7	8	2
7	5	2	3	8	6	1	4	9
8	1	4	2	7	9	5	3	6
9	4	3	7	5	2	8	6	1
2	8	7	9	6	1	3	5	4
5	6	1	8	3	4	2	9	7
4	3	9	5	2	7	6	1	8
1	2	8	6	9	3	4	7	5
6	7	5	1	4	8	9	2	3

174

5	1	2	6	7	9	8	3	4
6	3	4	5	8	2	1	9	7
7	9	8	1	4	3	6	2	5
3	6	7	9	1	4	2	5	8
9	4	5	7	2	8	3	6	1
2	8	1	3	5	6	7	4	9
8	5	6	4	3	7	9	1	2
1	2	3	8	9	5	4	7	6
4	7	9	2	6	1	5	8	3

175

5	1	6	9	4	3	2	7	8
4	7	8	5	1	2	6	9	3
2	9	3	6	7	8	5	4	1
9	3	2	1	5	4	7	8	6
6	5	7	3	8	9	1	2	4
1	8	4	7	2	6	3	5	9
8	2	5	4	3	1	9	6	7
3	4	9	2	6	7	8	1	5
7	6	1	8	9	5	4	3	2

176

8	1	7	9	2	3	6	5	4
5	3	6	8	4	7	2	1	9
2	9	4	5	6	1	8	3	7
4	5	9	2	3	8	1	7	6
3	2	1	7	9	6	4	8	5
6	7	8	4	1	5	9	2	3
9	8	3	6	7	2	5	4	1
1	4	5	3	8	9	7	6	2
7	6	2	1	5	4	3	9	8

177

5	3	6	4	2	9	7	1	8
7	2	1	3	5	8	6	9	4
8	4	9	1	6	7	2	3	5
2	9	7	6	1	5	8	4	3
4	1	5	7	8	3	9	6	2
3	6	8	9	4	2	5	7	1
6	7	2	5	3	4	1	8	9
1	5	3	8	9	6	4	2	7
9	8	4	2	7	1	3	5	6

178

3	6	1	2	4	8	5	7	9
7	4	8	6	9	5	2	3	1
2	9	5	7	3	1	4	6	8
9	5	7	8	1	6	3	4	2
6	1	4	3	2	7	9	8	5
8	3	2	4	5	9	7	1	6
5	8	3	1	7	2	6	9	4
1	7	9	5	6	4	8	2	3
4	2	6	9	8	3	1	5	7

179

1	7	4	3	2	9	5	6	8
6	3	5	7	8	4	1	2	9
2	8	9	6	5	1	4	7	3
5	2	8	9	6	7	3	4	1
7	4	3	8	1	2	9	5	6
9	6	1	4	3	5	2	8	7
4	9	2	1	7	8	6	3	5
3	5	7	2	9	6	8	1	4
8	1	6	5	4	3	7	9	2

180

9	5	2	3	6	1	4	8	7
1	8	7	2	5	4	3	6	9
4	6	3	7	8	9	5	1	2
6	4	9	8	1	3	7	2	5
8	3	5	9	2	7	1	4	6
2	7	1	5	4	6	8	9	3
3	2	4	1	9	5	6	7	8
7	9	6	4	3	8	2	5	1
5	1	8	6	7	2	9	3	4

181

8	3	2	5	1	7	4	9	6
5	7	1	9	6	4	2	8	3
4	9	6	2	3	8	7	1	5
1	2	3	7	9	5	6	4	8
6	5	9	8	4	3	1	7	2
7	4	8	1	2	6	3	5	9
9	1	4	3	8	2	5	6	7
2	6	5	4	7	9	8	3	1
3	8	7	6	5	1	9	2	4

182

9	1	5	2	4	6	7	8	3
7	3	8	1	5	9	6	4	2
6	2	4	3	7	8	9	1	5
5	4	7	6	2	1	3	9	8
1	6	3	9	8	5	4	2	7
8	9	2	4	3	7	5	6	1
2	8	6	5	9	3	1	7	4
3	7	1	8	6	4	2	5	9
4	5	9	7	1	2	8	3	6

183

5	2	9	7	6	1	8	3	4
4	8	1	2	3	5	7	6	9
6	3	7	9	4	8	1	2	5
1	4	6	5	2	7	3	9	8
3	7	8	4	1	9	6	5	2
9	5	2	6	8	3	4	7	1
8	9	4	3	7	2	5	1	6
7	6	5	1	9	4	2	8	3
2	1	3	8	5	6	9	4	7

184

1	9	4	2	8	5	6	3	7
5	6	3	1	9	7	8	2	4
2	8	7	6	4	3	5	1	9
9	3	6	8	7	2	4	5	1
4	1	2	3	5	9	7	6	8
7	5	8	4	6	1	2	9	3
8	4	9	5	3	6	1	7	2
6	7	1	9	2	4	3	8	5
3	2	5	7	1	8	9	4	6

185

6	8	5	1	7	9	4	2	3
1	4	7	5	2	3	8	9	6
2	9	3	6	8	4	1	5	7
8	2	9	3	4	1	7	6	5
4	5	6	7	9	8	2	3	1
7	3	1	2	5	6	9	4	8
9	6	4	8	1	5	3	7	2
5	1	2	9	3	7	6	8	4
3	7	8	4	6	2	5	1	9

186

4	5	2	8	9	1	3	6	7
9	7	1	5	6	3	2	8	4
3	8	6	2	7	4	9	5	1
6	3	9	1	5	8	4	7	2
1	4	8	7	2	6	5	9	3
7	2	5	4	3	9	6	1	8
8	6	3	9	4	7	1	2	5
2	1	4	6	8	5	7	3	9
5	9	7	3	1	2	8	4	6

187

6	4	3	5	7	9	2	1	8
8	5	1	4	2	6	3	9	7
2	7	9	1	8	3	5	6	4
1	3	8	6	4	5	9	7	2
5	9	2	7	3	1	8	4	6
4	6	7	2	9	8	1	5	3
3	1	4	8	5	7	6	2	9
7	8	6	9	1	2	4	3	5
9	2	5	3	6	4	7	8	1

188

6	2	9	3	8	4	5	1	7
8	4	3	5	1	7	9	6	2
5	1	7	9	6	2	4	8	3
9	6	4	7	3	1	2	5	8
1	3	8	2	4	5	6	7	9
7	5	2	8	9	6	3	4	1
4	7	5	1	2	9	8	3	6
3	9	6	4	7	8	1	2	5
2	8	1	6	5	3	7	9	4

189

2	4	6	9	3	5	7	1	8
8	1	5	7	6	2	4	3	9
7	9	3	1	8	4	6	5	2
1	6	2	8	7	3	9	4	5
4	8	7	5	2	9	1	6	3
3	5	9	6	4	1	8	2	7
5	7	1	2	9	6	3	8	4
6	3	8	4	5	7	2	9	1
9	2	4	3	1	8	5	7	6

190

7	1	8	3	5	2	6	4	9
5	9	3	4	8	6	7	1	2
4	6	2	1	7	9	3	5	8
3	8	7	5	6	4	2	9	1
9	4	1	2	3	8	5	7	6
6	2	5	7	9	1	8	3	4
1	5	4	8	2	7	9	6	3
8	7	6	9	1	3	4	2	5
2	3	9	6	4	5	1	8	7

191

2	5	1	4	9	6	8	3	7
6	8	9	3	7	1	4	2	5
3	4	7	5	8	2	1	6	9
1	9	2	6	3	4	7	5	8
7	6	5	2	1	8	9	4	3
4	3	8	9	5	7	2	1	6
9	2	3	8	4	5	6	7	1
8	7	4	1	6	3	5	9	2
5	1	6	7	2	9	3	8	4

192

5	4	6	9	1	3	7	8	2
1	2	7	4	8	5	6	3	9
8	9	3	6	2	7	1	5	4
6	3	9	5	4	2	8	1	7
4	5	1	7	3	8	9	2	6
2	7	8	1	9	6	5	4	3
3	1	2	8	7	9	4	6	5
9	6	4	3	5	1	2	7	8
7	8	5	2	6	4	3	9	1

193

7	3	2	9	1	8	6	5	4
9	5	6	4	3	7	2	1	8
1	4	8	6	2	5	3	7	9
5	7	3	8	4	1	9	6	2
2	6	1	7	9	3	8	4	5
4	8	9	5	6	2	7	3	1
3	2	5	1	8	6	4	9	7
8	9	7	3	5	4	1	2	6
6	1	4	2	7	9	5	8	3

194

4	6	1	8	5	3	9	7	2
5	3	7	2	1	9	4	8	6
2	9	8	7	4	6	3	5	1
7	1	6	9	2	8	5	4	3
8	4	9	3	6	5	1	2	7
3	5	2	4	7	1	6	9	8
9	8	5	1	3	7	2	6	4
1	7	4	6	9	2	8	3	5
6	2	3	5	8	4	7	1	9

195

2	6	7	4	5	9	3	8	1
8	4	1	2	3	7	5	9	6
9	3	5	6	8	1	2	4	7
4	9	8	3	7	2	1	6	5
1	7	6	5	4	8	9	3	2
5	2	3	1	9	6	4	7	8
3	1	9	7	6	5	8	2	4
7	5	4	8	2	3	6	1	9
6	8	2	9	1	4	7	5	3

196

5	3	7	8	4	9	6	2	1
4	8	6	3	1	2	5	7	9
1	9	2	5	7	6	8	4	3
2	4	8	1	9	7	3	5	6
9	7	1	6	3	5	2	8	4
6	5	3	4	2	8	1	9	7
8	1	5	7	6	4	9	3	2
7	6	9	2	8	3	4	1	5
3	2	4	9	5	1	7	6	8

197

9	5	4	3	6	8	7	2	1
8	7	2	9	4	1	5	3	6
6	1	3	7	2	5	9	8	4
4	8	1	6	9	3	2	5	7
2	6	5	8	7	4	1	9	3
3	9	7	1	5	2	6	4	8
7	2	9	4	8	6	3	1	5
1	4	6	5	3	9	8	7	2
5	3	8	2	1	7	4	6	9

198

6	1	8	2	3	5	4	9	7
5	2	9	1	4	7	8	3	6
4	7	3	6	8	9	2	1	5
9	5	7	4	2	1	6	8	3
3	8	2	7	5	6	9	4	1
1	6	4	3	9	8	7	5	2
8	9	1	5	7	2	3	6	4
2	4	6	8	1	3	5	7	9
7	3	5	9	6	4	1	2	8

199

7	2	8	3	1	5	9	4	6
9	3	5	4	6	8	2	7	1
1	4	6	2	9	7	3	5	8
8	7	2	9	4	3	6	1	5
4	6	3	5	2	1	7	8	9
5	9	1	8	7	6	4	3	2
2	8	4	7	5	9	1	6	3
6	5	9	1	3	4	8	2	7
3	1	7	6	8	2	5	9	4

200

9	1	2	8	5	7	4	6	3
3	8	5	6	9	4	7	1	2
7	4	6	1	3	2	9	5	8
8	5	1	2	7	3	6	4	9
2	3	7	9	4	6	5	8	1
6	9	4	5	1	8	3	2	7
5	7	8	3	6	1	2	9	4
4	2	9	7	8	5	1	3	6
1	6	3	4	2	9	8	7	5